novum ◢ pro

AF137213

Rolf Brinkmann

Weltformel gesucht?
ALL + Nichts gefunden!

Die Logik allen Seins.

novum pro

www.novumverlag.com

Bibliografische Information
der Deutschen Nationalbibliothek:

Die Deutsche Nationalbibliothek
verzeichnet diese Publikation in
der Deutschen Nationalbibliografie.
Detaillierte bibliografische Daten
sind im Internet über
http://www.d-nb.de abrufbar.

Alle Rechte der Verbreitung,
auch durch Film, Funk und Fernsehen,
fotomechanische Wiedergabe,
Tonträger, elektronische Datenträger
und auszugsweisen Nachdruck,
sind vorbehalten.

Gedruckt in der Europäischen Union
auf umweltfreundlichem, chlor- und
säurefrei gebleichtem Papier.

© 2024 novum Verlag

ISBN 978-3-99146-599-7
Lektorat: Melanie Gunz
Umschlag- & Innenabbildungen:
Rolf Brinkmann
Umschlaggestaltung, Layout & Satz:
novum Verlag

www.novumverlag.com

Druckprodukt mit finanziellem
Klimabeitrag
ClimatePartner.com/16547-2311-1001

NICHTS – Das Buch
Das Buch für ALLES

Nichts bewegt sich und funktioniert ohne Nichts!

Nichts ist das Allergrößte, Allerkleinste
und alles dazwischen.

Nichts existiert nicht seit irgendwann,
sondern immer.

Wir werden niemals die technischen Möglichkeiten
hervorbringen, um zu erfahren wie weit, oder nahe
es ist. Anders gesagt: Das Größte oder das Kleinste zu
finden. Einzig unser Gehirn ist dazu in der Lage.

Ein Buch braucht ein bekömmliches Rezept, damit die
Lektüre angenehmer verdaut werden kann.

Ein Buch, dass keinen Spaß macht, sollte man nur
dann lesen, wenn es einen weiterbringt.

Rolf Brinkmann

Inhaltsverzeichnis

Vorwort

Viele haben bereits nach einer Weltformel oder der Weltformel gesucht. Viele Vermutungen wurden angestellt, viele Theorien erörtert und fallen gelassen. Komplizierte und komplexe Überlegungen wurden angestellt, jedoch lief alles bis jetzt in die sprichwörtliche Leere. Ich hatte nie danach gesucht und dennoch oder gerade deshalb ist es mir gelungen!

Was wäre, wenn die Lösung einfacher ist? Die Antwort: Es ist tatsächlich einfacher als vielfach gedacht. Das darf aber nicht sein und wird kaum Unterstützung finden.

Heraus kam, wie die zweite Titelzeile bereits aussagt: ALL + NICHTS gefunden. Das All ist jedem bekannt. Das Nichts ist allerdings bis jetzt so gut wie unbekannt. Das möchte ich hiermit ändern und vor mir hat es, soweit mir bekannt ist, niemand in dieser intensiven Weise, wenn überhaupt behandelt.

Vermutlich halten sie das derzeit ungewöhnlichste und spektakulärste Buch in der Hand, dass Sie je gelesen haben werden. Erfahren Sie also, was es damit auf sich hat und Spaß soll es auch machen, es zu lesen.

Bitte beachten: Es wird „Unkorrektheiten" enthalten, meine Rechtschreibung ist sicherlich auch nicht perfekt und weil alles veränderlich ist, muss nicht alles noch so sein, wie beschrieben. Es kommt vereinzelt wegen des besseren Verständnisses zu Wiederholungen. Viel Spaß werde sie aber haben. Und bedenken sie, es ist die Erstausgabe. Fehler werden in späteren Ausgaben behoben. Das Lektorat bestand in dieser limitierten Auflage auf nur einer einmaligen Korrekturdursicht. Kaufmännisch unverständlich, ich denke aber, es ist mir dennoch einigermaßen gut gelungen, auch ohne nochmaligen Lektor Service. Aber eine Erstausgabe kann enorm wertvoll werden, gerade wegen den enthaltenen Fehlern.

Bereits 2017 wurde mir die Sache mit der Weltformel und dem Nichts klar. Doch ich wartete ab. Nachdem bis 2022 meines Wissens nirgendwo Entsprechendes veröffentlicht worden ist, ging ich davon aus, dass bis zu dem Zeitpunkt niemand eine Lösung gefunden hat. Sollte es jemand in der Zwischenzeit herausgefunden haben, hätte sich diese Person es wohl kaum nehmen lassen, das kundzutun. Gründe dafür gäbe es genug: Stolz, Eitelkeit, Geschichte schreiben, profitieren – die ganze psychologische Palette. Diesem inneren Mitteilungszwang kann kaum jemand widerstehen.

Es galt noch, den jederzeit nachvollziehbaren und wissenschaftlich wiederholbaren Nachweis zu erbringen – mit immer dem gleichen Ergebnis.

Ich habe dafür einen anderen Ansatz gewählt und es ist mir dann überraschend einfach gelungen. Das erforderte aber zwangsläufig, einige alte Theorien zu korrigieren oder gar zu eliminieren und absolut freies Denken.

Wissenschaftliche Beweise und Theorien müssen nicht immer in vollem Umfang stimmen. Oft stimmt ein Teil, ein anderer Teil benötigt Korrekturen oder Ergänzungen. Wieder andere Teile lassen sich vollständig widerlegen. Und dann noch die Beweise und Theorien, die kommen und gehen.

Diese und weitere Fragen beantworte ich, indem ich viele Themen, dem Anschein nach oft nicht dazugehörig, mit einbeziehe. Es wird am Ende verständlich, wie die Zusammenhänge sind. Weil Sie dieses Buch erworben haben, sollen Sie auch so viel Mehrwert wie möglich erhalten. Es erweitert ihr Wissen enorm und kann sie vor vielem schützen. Eigentlich reicht es für die gesamte Lebensphilosophie. Andere braucht man nur noch für berufliches Weiterkommen oder Unterhaltung.

Schlussfolgerungen ergeben sich aus den logischen Zusammenhängen. Ich lasse auch Hypothetisches und Spekulatives mit einfließen; das werde ich dann jeweils gesondert angegeben, oder geht aus der Formulierung hervor. Wissenschaft ist in der Regel immer spekulativ. Ihre Wiederholbarkeit, wie gefordert, ist nur eingeschränkt möglich. Die ewigen Veränderungen lassen eine exakte Wiederholung nicht zu.

Folgende Kritik muss ich den Wissenschaftlern leider antun. Andere Meinungen lassen sie in ihren von Überzeugungen, Macht und Einkommen geleiteten und etablierten Eliten nicht gelten. Verachtung ist noch das Geringste, was man erfährt. Und wenn es der Macht, Religion, Kirche, Politik oder dem Kapital nicht gefällt, schrecken sie auch vor Vernichtung nicht zurück. Zumindest in der Vergangenheit.

Da drängt sich die Frage auf: Wer bestimmt, was wissenschaftlich anerkannt ist oder nicht? Antwort: Sie selbst und diejenigen, die daraus Kapital schlagen. Ob das immer fortschrittlich und positiv für Natur und Mensch ist, wage ich zu bezweifeln.

Andererseits forschen Wissenschaftler überwiegend in Teilgebieten und können sich nicht mit dem alles Umfassenden beschäftigen. Daraus folgt oft ein sogenannter Tunnelblick. Das muss man ihnen natürlich zugutehalten.

Ich habe hiermit ein weitgehend umfassendes Werk geschaffen, in das ich sehr viele Einzelbereiche mit einbeziehe. Es ist aber sicher nicht vollständig oder perfekt. So arrogant möchte ich nicht sein, das zu behaupten und es ist meine persönliche Sichtweise.

In eigener Sache: Ich bin kein meisterlicher Schriftsteller. Der Text dieser Arbeit wird etwas holprig sein. Ein Profi wird das sicher flüssiger hinbekommen. In meinem Alter werde ich das nicht mehr lernen und wer weiß, wie lange ich noch habe. Aber es ist kein Roman, dessen Texte flüssig lesbar sein sollten. Hier geht es in erster Linie um Wissensvermittlung. Auch wenn ich es sehr ungewöhnlich und unterhaltsam, mit Spaß gestaltet habe. Besser bekomme ich es nicht hin und ich finde es ist besser es hier zuzugeben. Das ist allemal sympathischer, als perfekt sein zu wollen. Dafür ist es die Erstausgabe und wird, weil es nicht perfekt ist, unvorstellbar wertvoll mit den Jahren. Schnappen sie sich mehr und verschenken sie die.

Weil sich alles stetig im Wandel befindet, sind auch meine Erkenntnisse diesen Veränderungen unterworfen und damit nicht zwingend der letzte Schluss – bis auf die Antwort auf die Frage: Gibt es die Weltformel? Die ist unumstößlich immer gültig! Den Beweis erbringe ich mit dieser Arbeit, auch habe ich das eine oder andere mit meiner Meinung versehen. Aber ohne die Arroganz zu sagen, dass dies so ist und immer so bleibt. Alles ist im ständigen Umbruch, der sich aus differenzierten Bewegungen, deren Geschwindigkeiten zu- und untereinander sowie den Abläufen ergibt.

Meine Arbeit beruht ausschließlich auf autodidaktischen Studien, dem Kombinieren und den daraus resultierenden Schlussfolgerungen. Sie unterliegt deshalb nur eingeschränkt gewissen formalen Vorgaben, wie zum Beispiel der Publikationstechnik. Altes mit Neuem verbunden und/oder anders gedacht. Dafür muss man ein wenig verrückt sein. Konservative würden vermutlich nicht einmal einen Gedanken daran verschwenden oder ihn sofort wieder aus dem Gedächtnis verbannen. Weil ich kein etablierter und „anerkannter" Wissenschaftler bin, kann ich alles ganz anders und unvoreingenommen angehen.

Rein wissenschaftlich gilt vieles als nachgewiesen, aber auch vieles als Theorie, Hypothetisches und Spekulatives. Darum hat auch diese Arbeit ihre Berechtigung.

Content, Content, Content – wie oft verlangt wird – ist nichts weiter als viel Unterhaltung zur Ablenkung vom Wesentlichen. Ich bin kein Freund davon. Kurz und auf den Punkt gebrachte

Informationen sparen Zeit, verstellen nicht die Gedanken mit viel Müll und sind effektiv. In der Kürze liegt die Würze, wie man so sagt – es sei denn, es erfordert viel Erklärung. Selbst die unwahrscheinlichsten Gedanken, Spekulationen, Hypothesen und Fantasien sind real. Sie müssen sich aber nicht zwangsläufig etablieren oder in Aktion treten. Sie bleiben lediglich als gedachte Infos im (inout) All existent. Aber existent sind sie, denn sie wurden gedacht ...

Dr. MC SheekyBs Einwurf:

„ ... oder Hollywood hat einen Film daraus gemacht."

Kein Hihi.
Der ist auch dabei. Aber wer ist Dr. MC SheekyB? Tja, der Vogeltyp ist mir zugeflogen. Später mehr dazu. Wenn er auftaucht, sollten Sie nicht lesen, was er zu vermelden hat. Falls ja, selbst schuld, Sie sind gewarnt.

Was ich mit „(inout)" meine, erkläre ich im weiteren Verlauf und nutze „io", als Kurzform.

Vorsicht ist auch geboten, neues Denken an Menschen, speziell junge, zu geben, die damit die Macht und die Kontrolle der Etablierten untergraben könnten. Das mögen die nicht. Ändern wird sich aber trotzdem nichts oder nur über einen langen Zeitraum. Bis dahin sind die schon ausgestorben. Aber es gibt in freien Staaten Meinungsfreiheit und entsprechend freie Meinungsäußerung.

Eines noch: Das Lesen dieses Buches geschieht auf eigene Gefahr. Verbleibend geistige Schäden sind nicht übertragbar, können nicht zurückgegeben, oder gegen Werthaltiges eingefordert werden. Eine Weiterempfehlung dieses Buches ist Aktion ihres eigenen Pflichtbewusstseins.

Nachwort nach dem Vorwort

Es ist so, wie oft gesagt wird: Man soll groß denken. Und damit dies auch seine Berechtigung hat, mache ich das hiermit und drehe das größte Rad, das je gedreht wurde. Der Satz ist eine Metapher, denn tatsächlich ist es kein Rad, dass sich dreht, obwohl sich trotzdem alles dreht. Sie werden miterleben, wie ich die gesamte Materie des Raums im Weltall neu- und umgestalte.

Also steigen Sie ein und haben Spaß! Es werden auch immer mehr dazu kommen. Also ab dafür und lassen Sie sich nicht von Ihrer Angst abhalten, im Verlauf Schwindelgefühle, ein Schleudertrauma oder Kreislaufbeschwerden zu bekommen. Legen Sie sich notfalls schon mal Medikamente bereit. Diese Reise hat keine Bremse.

Gleichzeitig löse ich damit das größte Rätsel, das viele erst noch suchen, und erkläre, was es damit auf sich hat. Es beinhaltet auch ein „neues" Naturgesetz. Das hat noch niemand als solches erkannt.

Sie denken, Sie kennen schon alles? Vielleicht aber erst, nachdem Sie dieses Buch gelesen haben. Dann finden Sie sich in einem vollständig neuen und unbekannten Weltall wieder und schauen sich alles genau an. Damit Sie alles sehen können, warten Sie, bis es hell genug ist.

Dieses Buch wird Ihrem Wissen einen enormen Schub verleihen. Und wer will sich schon Unwissenheit antun? Das wird Sie so lange verfolgen, bis Sie alles wissen.

Klar ist auch, dass es harsche Kritik, Verrisse und Angriffe dagegen geben wird.

Die Weltformel? Die Antwort

Gleich zu Anfang beantworte ich die Frage nach der Weltformel:
Sie lautet: Jein! Und da fängt bereits das Dilemma an, denn ob
es als eine Formel betrachtet werden kann, ist Ansichtssache.
Ich sage, man kann eine Formel machen, aber ...?
Ich zeige hiermit den Lösungsweg, der zu dieser Aussage
führt, und die Formel, oder besser, ein ungewöhnliche Formel-
lösung. Und noch viel mehr, was mir wichtig erscheint.
Es wird auch angenommen, mathematisch lässt sich kein
Beweis erbringen.

Die Lösung ist verstellt. Sie verhält sich wie der eine Baum, den
man unter vielen nicht sieht. Ein Versteckspiel der „Kräfte". Im
Verlauf die ausführliche Erklärung.

Der Wissenschaft werden meine Erkenntnisse vermutlich zu abwegig erscheinen und sie schließt daher vermutlich von vornherein aus, sich damit zu beschäftigen.

Wer ist **Dr. MC SheekyB?**

„Hallo!" **Dr. MC SheekyB** meldet sich zu Wort.
„Es könnte sein. Hinter dem Stein könnte es sein."
„Was soll da sein?"
„Sein oder nicht sein."
„Das könnte logisch sein."
(Aus: **Dr. MC SheekyBs** Reihe „Neuer Reim".) Hihi.

Wer ist **Dr. MC SheekyB?** Er ist der Vogel, der hier hin und
wieder die eine oder andere Aufmerksamkeit erheischt oder ir-
gendwelchen Nonsens von sich gibt – mit oder ohne Dialog ...
sehr sympathisch, frech und von der Seite beißend. (Obwohl
ein Vogel keine Zähne hat. Wie er das wohl macht – ohne Zähne?) Man weiß nicht, ob er sie nicht mehr alle hat – oder er hat

alle. Sein Charakter? Er versucht sich seit Generationen zu erfinden. Leider immer noch erfolglos. Dann gibt es gleich noch einige Fragen bezüglich seines Namens und einiger Zusätze zu klären. Dazu in der Folge.

Bitte beachten

Die Weltformel soll das Weltall abschließend beschreiben. Aus abschließend ergäbe sich dann tatsächlich ein Abschluss.

Die Problematik ist, dass sich praktisch und theoretisch kein Beweis finden lässt – sowohl für als auch gegen eine wie auch immer geartete Weltformel.

Hypothetisch und phantasiebedingt ist es zwar möglich, jedoch wären das eher selbst gemachte Erfindungen.

Auch mit der Mathematik wird es interessant.

Wie findet man Antworten, welche die Hürden der Voreingenommenheit/en überwinden?

Antworten, die einem oft aufgezwungen wurden, immer noch aufgezwungen werden und nicht bezweifelt werden sollen.

Man bezweifelt sie, stellt Fragen und wirft sie falls nötig auf den Abfallhaufen der Geschichte.

In vielen Publikationen, ob in Buch-, Film-, oder den neuesten digitalen Möglichkeiten sind Aussagen wie „Das ist so, das war schon immer so", die irgendjemand mal irgendwann gesagt, geschrieben oder getan hat – und damit ist das für immer und ewig richtig? Falsch!

Alles verändert sich fortwährend. Veränderung ist die einzige Konstante des Inout Inhalts des Weltalls. Leider kann man dieser keinen mathematischen Wert zuordnen. Wäre dem so, wäre an dieser Stelle alles gesagt.

Ich habe viele Dinge mit einbezogen, die alle im Zusammenhang mit der Frage nach der Weltformel und respektive dem

All stehen; an und für sich nach den Funktionen „darin". Dem Wie und Warum alles im und außerhalb (io) des Alls so funktioniert, wie es funktioniert. Die Logik allen Seins und warum das Nichts dafür entscheidend ist.

Ich muss zwangsläufig Korrekturen bestehender Theorien vornehmen. Nicht zu vergessen, dass es sich um meine Erkenntnisse und Ansichten handelt, von denen sich jederzeit, wegen anderer Beweise, einige wieder ändern können.

Zufallsprinzipien

Alles, was sich entwickelt hat, entwickelt und entwickeln wird, beruht schlussendlich auf dem Zufallsprinzip, aber geordnet auf Basis der vorhandenen Voraussetzungen: Ob io All, auf der Erde, in der Natur oder unseren Überlegungen.

Das gilt auch für jede Erfindung, jeden Fortschritt, jede Verbesserung – egal ob als plötzliche Eingebung sowie Idee, ob danach gezielt gesucht wurde, oder von uns gemachte Entscheidungen. Unsere Emotionen spielen eine große Rolle. Letztendlich entscheiden wir aber immer emotional und sprunghaft.

Einzige Ausnahme: die Suche nach Lösungen bei in der Regel technischen, personellen und kalkulatorischen Problemen. Dabei wird sachlich entschieden, weil die Entscheidung vorher bereits im Prozess der Entscheidungsfindung gemacht wurde und nur noch bestätigt wird.

Die Entscheidung unterliegt jedoch auch immer einer zufälligen, emotionalen Eingebung unter Einbeziehung des bereits Vorhandenen.

Es gilt: funktioniert nicht, sollte funktionieren, oder funktioniert. Und andersherum. Oder in Bezug auf Nahrung: ist bekömmlich, ist eklig, ist giftig.

Das wurde von unseren Vorfahren auch zufällig herausgefunden und hat wohl dem einen oder anderen das Leben gekostet.

Begriffe, Namen und Zuordnungen

Wir nutzen sie, ohne näher darüber nachzudenken, um was es sich dabei handelt. Sie sind uns ins Fleisch und Blut übergegangen und wir kennen in der Regel ihre Bedeutung. Die Zuordnungen sind aber von uns Menschen gemacht.

Wenn man es sehr genau nimmt, kommen sie sogar aus dem Tierreich. Dort sind es zwar nur Laute, dennoch dienen sie der Verständigung untereinander. In erster Linie, um sich unter vielen zwecks Fortpflanzung oder Futterteilung wieder zu finden. Jede Resonanz oder Klangfarbe hat ihren eigenen Frequenzbereich, der jedem Tier exakt zugeordnet werden kann. Das Elternpaar zum Beispiel erkennt zielsicher den Laut seines Kindes, den sie direkt mit den ersten Lauten des einzelnen Kindes wahrgenommen haben.

Wir Menschen haben es aufgrund unserer biologischen Eigenschaft, der differenzierteren Lauterzeugung, schließlich zu wesentlich mehr Lauten gebracht.

Diese führten zu den Sprachen, die wir jetzt nutzen, zwecks Verständigung untereinander, beziehungsweise deren Interpretationen.
Unsere differenzierteren Laute wurden zu komplexeren Aneinanderreihungen, die unsere Begriffe ergeben.

Diese mussten jedoch, damit auch jeder versteht, was damit gemeint ist, einander zugeordnet werden; zum Beispiel: Sie sehen einen Stein. Der Stein ist das Objekt und heißt „Stein". Dieser Lautbegriff wurde nun allen anderen gelehrt. Von da an wusste jeder, was der Begriff Stein bedeutet. So ist unsere Sprache entstanden.
Ich denke, diese kurze und grobe Erläuterung macht verständlich, wie Sprache entstand und sich verbreitet hat.

All – Reihenfolge der Begriffe

Es herrscht meines Erachtens ein Durcheinander der Begriffe, die das All betreffen. Ich habe diese Begriffe in eine vernünftige Reihenfolge gebracht und erläutert, damit besser verständlich wird, was damit jeweils gemeint ist:

1) All, Weltall, Space, Alles und Nichts, „Vakuum/Leere": Alle diese Begriffe für ein und dasselbe definiere ich als Null (mathematisch), Nichts (real).
   „Vakuum/Leere" setze ich in Anführungszeichen, weil es kein absolutes Vakuum und keine absolute Leere gibt. Alles – respektive Nichts – ist die Basis von allem, aber noch kein Raum, folglich eine Nichtexistenz. Alles Weitere sind Bestandteile. All und Nichts lassen sich vertauschen und beide als gleich interpretieren.

2) Weltraum bzw. Raum ist es erst, wenn sich io Nichts, Materie die auch die Schwerkraft ist, in Bewegung befindet. Das ist der Fall.
   Weltall und Weltraum sind also zwei verschieden zu interpretierende Begriffe. All steht für alles ohne Grenzen. Raum ist Bestandteil des Alls, respektive des Nichts, der sich aber unendlich ausdehnt.

3) Übergeordnete Großuniversen, die wir noch nicht entdeckt haben.
   Das sind wesentlich größere Strukturen, für die uns noch jegliche Vorstellungskraft fehlt, aufgrund fehlender technischer oder anderer Möglichkeiten.
   (Es geht uns damit vermutlich ähnlich wie zu Zeiten, als die Erde noch eine Scheibe war.)

4) Unser bekanntes Universum, Kosmos, etc. – soweit wir es erforschen können.

5) Galaxien, Materie-, Gas- und Plasmawolken, schwarze, sowie „weiße" Löcher und eventuell andere noch nicht bekannte Objekte.

6) Planetensysteme sowie sich langsam und schnell bewegende Objekte.

7) Planeten, respektive feste, eisförmige und gasförmige Körper.

8) Der Bereich, innerhalb dessen biologische Existenz möglich ist.

9) Mikrokosmos

10) Quanten, atomare und subatomare Ebene

11) Weitere Micros, die wir noch nicht entdeckt haben. (Möglicherweise haben wir die kleinsten Objekte aber schon aufgespürt und es geht nicht mehr kleiner. Das würde bedeuten, es ist ein Gas, Plasma oder Ähnliches, das ins Nichts wechselt und damit die unendliche Veränderung im Gang hält). Falls es später technische Möglichkeiten gibt, lassen sich die Nachweise vielleicht erbringen.
Hierbei könnte es sich aber auch um den Inhalt der „Schwarzen Löcher" handeln. Warum das so sein könnte, wird aus meiner weiteren Erklärung deutlich.

Wir werden aufgrund unserer Existenzform und den uns zur Verfügung stehenden Voraussetzungen nicht in der Lage sein, das zu erforschen. Dafür ist eine evolutionäre Transformation, vermutlich mehrere notwendig, die uns in eine andere Wesensart verwandelt, mit der wir dazu in die Lage versetzt werden. Nur sollten wir uns nicht der Illusion hingeben, dass wir uns dann noch an unsere jetzige Existenz erinnern.
Das ist aber wohl aus emotionalen Gefühls- sowie Angst machenden Gründen schwierig zu akzeptieren.

Und dennoch: Es geht noch kleiner. Stellen Sie sich vor, das kleinste uns bekannte und nachweisbare Objekt gerät in ein Schwarzes Loch. Wie viel kleiner wird es darin wohl werden? Wenn die Sonne – als Beispiel – nur so klein wie ein Stecknadelkopf darin ist, wie klein ist darin dann beispielsweise ein Atom?

Umso größer und schwerer das Schwarze Loch ist, umso kleiner sind die Objekte darin. Aber es ist sicher nur noch ein Einzelobjekt, weil alle Materie darin möglicherweise miteinander verschmolzen ist. Wie genau es sich verhält, werden wir wohl nie herausfinden.

Dann sind diese Objekte dort nicht mehr die, die hineingeraten sind, weil die Materie bereits während des Anziehungsprozesses auseinandergerissen wird und sich daraus etwas bildet, was wir nicht ergründen können. Wir bekommen keine Spiegelung wie von Objekten unterhalb der Lichtgeschwindigkeit.

Was dort hineingelangt, wird zu einem Einzelobjekt, bestehend ähnlich wie ein anderer Aggregatzustand. Zum Beispiel ist Wasser jeweils hitzeabhängig flüssig, zu Eis gefroren oder Dampf. Das „Schwarze Loch" für sich ist dieser Aggregatzustand selbst, abhängig von der umgebenden und inneren Schwerkraft.

Die Materie geht immer noch kleiner, sogar bis fast unendlich klein, verschwindet aber nie vollständig.

Die physikalischen Gesetze, wie wir sie kennen, sind darin aufgehoben. Auch die Formel $E=MC^2$ verliert vielleicht ihre Gültigkeit. Nur die Konstante der ewigen Veränderung hat ewigen Bestand.

Aufgrund des Ungleichgewichts – und sei es auch noch so winzig – ballen sich kleinste Teilchen zu größeren Einheiten/ Schwerkräften zusammen und der Prozess beginnt erneut, unter den immer wieder neuen, veränderten Voraussetzungen. Es gibt noch eine andere von mir favorisierte Lösung in Verbindung mit einem „weißen" Loch.

Jetzt meldet sich, wie sollte es anders sein, **Dr. MC SheekyB**:
„Pass mal auf! Ich bin superschnell, flieg ins Schwarze Loch und wenn ich zurück bin, sage ich dir, was da so los ist."
„Eine sehr gute Idee. Das reinigt auch gleich dein Gehirn. Du weißt ja, ein Gehirn mit nichts drin hat den größten, nicht mehr messbaren IQ." Hihi.
„Ein Unterstellung. Ich bin schlau."
„Ja, ja!"

Das Innen-, Außen-Dilemma

Wir sprechen oft von „im All". Wenn man nicht weiter darüber nachdenkt, nehmen wir das so hin.

Aber ein „im" All ist nicht richtig, weil es unendlich ist. Ist etwas irgendwo drin, dann bedeutet das, es befindet sich an einem Ort mit Begrenzungen.

Unendlichkeit kennt aber keine Grenzen und damit ist etwas, was „im" All ist, auch gleichzeitig außerhalb des Alls.

Wie kommen wir gedanklich aus dieser Sache raus?

Im Prinzip überhaupt nicht, wenn ...?

Maße, Messwerkzeuge, Gewichte, Waagen, Uhren die Zeit messen und viele weitere Werkzeuge wurden von uns erfunden und werden für die auch von uns erfundenen, vorstehenden Begriffe benutzt.

Ich habe lange darüber nachgedacht, wie sich das Im-/Außen-Dilemma lösen lässt. Schließlich kam ich auf die Lösung durch die Kryptowährung.

Diese stellte eine Lücke im Kapitalgefüge dar und wurde mit den Währungen Token, Coins unter anderem sehr schnell geschlossen. Die Computertechnologie bot die Voraussetzung und schuf damit die Lücke.

Krypto ist Verschlüsselungstechnologie. Sie bot sich für die Währungen als Überbegriff an, weil die dort auch alle verschlüsselt werden.

Und plötzlich hatte ich dann die Lösung für das gleichzeitige All-/Innen-/Außen-Problem. Ich habe einige Begriffskombinationen durchgespielt und die ansprechendste Lösung meiner Begriffserfindung ist: „inout" – zusammengesetzt aus den englischen Begriffen in und out, oder kurz „io".

Io All bedeutet nun, etwas befindet sich gleichzeitig innerhalb und außerhalb des Alls und den Materien. Io lässt sich leicht merken aufgrund der Kürze und Phonetik.

Andere Kombinationen wie inex (aus „intern" und „extern"), kurz ix, finde ich, weil es phonetisch abgehackt klingt, nicht so geeignet. Io All klingt harmonischer! Io ist nun die Bezeichnung für gleichzeitig innen und außen in dieser Arbeit.

Nun gut, meine Gedankengänge mögen ein wenig verrückt sein, aber sie sind sicher nicht kategorisch von der Hand zu weisen. Wer weiß schon, was sich noch alles bestätigt und jemand musste das tun. Also ich.

Dr. MC SheekyBs Einfall:

„Sag, wie fühlt sich eine kalte Luftbewegung an, die neu ist?"

„Frischer Wind. Aber sag mir: Was bewirken drei Flügelschläge von dir?"

„Zwergsturm!" Hihi.

Namen

Sie sind eine Erfindung von uns Menschen, oft von Tätigkeiten abgeleitet (wie zum Beispiel: Schmid, Bauer etc.) oder anderen besonderen Merkmalen. Wir brauchen diese Zuordnungen, um unterscheiden zu können, wer wer oder was ist. Aber tatsächlich hat nichts, was existiert, einen Namen oder eine Bezeichnung. Namen werden überbewertet. Das gilt auch für einige Begriffe. Sie sollen lediglich Psychisches oder Emotionales bewirken, deren Bedeutung ebenso überbewertet ist, aber lediglich der Manipulation dient. Davon bin ich auch betroffen und kann mich nicht ausschließen. Ohne die Bezeichnungen kämen wir nicht weiter und es drängt sich mir die Frage auf: Macht das einen der bedeutenden Intelligenzunterschiede von Menschen und Tieren aus?

Instinkte, Emotionen, Gefühle = Entscheidungen

Instinkte, Emotionen und Gefühle sind die Entscheidungsträger, mit denen Entscheidungen getroffen werden, aufgrund ihrer wie auch immer gearteten Bedürfnisse. Dies geschieht in Verbindung der Voraussetzungen ihres Umfelds.

Ich erkläre das anhand dieser Beispiele:

Im Pflanzenreich wird die Entscheidung, was zum Wachsen gebraucht wird, aufgrund ihrer biologischen Beschaffenheit und den vorhandenen, passenden Ressourcen entschieden.

Instinkthafte Entscheidungen finden hauptsächlich im Tierreich statt. Sie basieren in erster Linie auf Hunger und der Nachkommen-Zeugung.

Bei den Menschen kommt das Gefühl hinzu. Sie treffen Entscheidungen aufgrund von Emotionen und Gefühlen. Rein sachliche Entscheidungen beruhen zwar auch auf ihren Fakten, aber letztendlich wird die Entscheidung von Emotionen und Gefühlen geleitet und getroffen. Es spielt hier die Macht der Kräfte hinein, die letztendlich die Entscheidung herbeiführt.

Und ein entscheidender Faktor ist Zweifel. Tiere zweifeln nicht. Sie tun.

Zweifeln allerdings führt zu neuen Erkenntnissen und Erfindungen.

Wenn es jedoch, ich nenne es emotionale Unverträglichkeiten gibt, sind Entscheidungen schwer zu treffen. Dann stimmt die sogenannte Chemie der Beteiligten nicht.

Durchdringungskräfte

Durchdringungskräfte, wie ich sie bezeichne. Das sind die entscheidenden Kräfte, die als Steuerungsoptionen fungieren.

Die Null (auch Leere), die Schwerkräfte sowie Hitze und Kälte. Sie durchdringen jede Materie, im Prinzip ohne jegliche Hindernisse.

Nichts (real), Null (mathematisch) oder auch die Leere als passive „Kraft", durchdringt alles, ist aber auch gleichzeitig in allem, über alle Dimensionen und Entfernungen hinweg.

Schwerkräfte wirken soweit ihre Aktionsradien jeweils reichen und durchdringen dort alles in Interaktion mit den ihnen umgebenden Schwerkraftobjekten.

Hitze, dazu gehört auch Strahlung, und Kälte durchdringen ebenfalls alles, beeinflussen sich jedoch gegenseitig.

Die Kälte ist die stabilere. Sie dringt von außen in Objekte, kühlt sie aus und zieht Materie zusammen. Es ist nicht völlig klar, ob sie eine Kraft oder eine Energie oder beides ist.

Die Hitze gibt es in Form von Energie abstrahlenden Planeten, Sonnen, Quasaren, Gaswolken und vielem anderen mehr. Sie entsteht in Materie, die erheblich unter Druck geraten ist, sowie durch andere Faktoren, die noch erforscht werden. Diese explodieren oder implodieren, brennen aus und werden von der umgebenden Kälte beeinflusst. Hitze als Strahlung und Energie lässt sich in Kraft umwandeln. Sie dringt wie Kälte von außen in Objekte ein und heizt sie auf. Oder wird von unter Druck stehenden Objekten, die innen ausbrennen, abgestrahlt und an die Umgebung abgegeben. Kälte und Hitze haben die gemeinsame Eigenschaft, durch alles zu dringen, ganz gleich, aus was es besteht.

Weitere Kräfte sind Triebkräfte. Damit meine ich die, die alles vorantreiben. Dazu gehören bei uns Menschen unsere Kreativität, unsere Entscheidungen, Dinge zu tun und zu erfinden, Sex, Emotionen, Machtstreben und auch die Langeweile. Auch wenn das erst einmal seltsam scheint, ist die Langeweile nicht zu unterschätzen.

Die Schwarzen Löcher sind eine Sonderform der Schwerkraft. Sie ziehen ausschließlich das Nichts – alle Materie und Energien – an. Wie, wo und wann diese – falls überhaupt – wieder abgegeben werden, gilt es noch herauszufinden.

Hypothetisch wäre die explosionsartige Entstehung einer Galaxie oder eines Universums denkbar, wenn das Schwarze Loch (oder mehrere vereint) alle Materie und Energien in ihrem Aktionsradius aufgesaugt hat, die Leere drumherum leer genug ist, damit in sie die Masse des Schwarzen Loches expandieren kann. Vermutlich kommt die passive „Zugkraft" des Nichts als relatives Vakuum infrage. Aber die Quasare spielen wohl auch eine Rolle, so scheint die Forschung das zu vermuten. Ich bin skeptisch. Abwarten, was sie herausfindet. Die Theorie von weißen Löchern scheint mir logisch richtiger. Dazu komme ich später.

Darüber hinaus entstehen neue Galaxien, wenn zwei oder mehrere Galaxien aufeinander zufliegen und zusammenstoßen. Oder es verbinden sich mehrere zu einer einzigen. Dann entwickeln sich durch den enormen Druck der Gaswolken, die die Galaxien umgeben, neue Sterne.

Es tun sich dort sicherlich Dinge, die sich unseren kühnsten Fantasien entziehen.

Sie treiben wieder auseinander oder verschmelzen. Aus den Schwarzen Löchern der einzelnen Galaxien bildet sich etwas noch viel Gigantischeres und noch viel, viel mehr. Möglicherweise entstehen auch ganz andere Elemente und Zusammensetzungen. Das alles ist noch zu entdecken.

Für mich Beweis, einen Urknall der alles erschaffen hat, in Zweifel zu ziehen.

Wo versteckt sich etwas, das möglichst nie zu finden?

Die Betonung liegt auf möglichst.

Es handelt sich im Zusammenhang des Alls nicht um ein von intelligenten Wesen vorsätzlich Verstecktes, sondern ein sich selbst ergebenes Versteck der Kräfte. Es ergibt sich aus deren Voraussetzungen und wurde bereits vor langer Zeit mit der Mathematik entdeckt, ohne dass das als solches erkannt wurde.

Das Versteckte ist zu offensichtlich, sodass es niemand bemerkt hat. Wie zum Beispiel: ein einzelner Baum in einem Wald. Man sieht ihn, weiß aber nicht, dass es der Gesuchte ist, falls man ihn sucht. Und umso mehr man sich die Sache verkompliziert, immer neue Details dazu erfindet, um so versteckter wird das Offensichtliche. Im übertragenen Sinn ist das auch für die ewig gesuchte Antwort nach der Weltformel der Fall. Bis jetzt, denn ich bin sicher entdeckt zu haben, was es damit auf sich hat.

Aber ich hatte zuerst nur das Schloss, ohne den Schlüssel. Ich wusste nicht einmal, dass es das war. Erst als ich den Schlüssel dazu hatte, ergab sich der Zusammenhang. Das Schloss oder besser die Schlösser sind die Spiralgalaxien. Die Details erkläre ich im weiteren Verlauf.

Man nimmt an, dass es viele unumstößliche Fakten gibt. Das stimmt nicht. Tatsächlich gibt es Unumstößliche nur so lange, bis sie nicht mehr funktionieren, oder ihre Bedeutung verlieren. Das kann über sehr lange Zeit so sein und erscheint uns ewig.

Ich weiß, dass das skeptisch gesehen wird. Die Wissenschaft wird das erst einmal nicht so hinnehmen wollen. Da spielt ihr Stolz hinein. Nicht zu vergessen der Neid und wohl erst recht, weil ich kein Wissenschaftler bin. Bis auf mein jahrelanges Eigenstudium. Was mich schließlich zu dem Ergebnis, oder besser, zu der Entdeckung führte. Und es ist einfach nachprüfbar, benötigt nicht einmal komplizierte Gedankenakrobatik. Die Kombination von Wissen und deren Schlussfolgerungen.

Wissenschaftler mögen keine Spekulation. Warum? Sie möchten immer gleiche Resultate, suchen nach einem Halt, an dem sie alles festmachen können. Aber nur Spekulation und Fragen, bringen Forschung und Wissenschaft voran. Neue Erkenntnisse beruhen geradezu auf Fragen und der daraus resultierenden Spekulation. Das heißt, es gibt überwiegend zwei Sorten von Wissenschaftlern. Diejenigen, die wiederholbare Fakten brauchen und die, die sich für Neues begeistern und folglich auch zu neuen Ergebnissen und Erkenntnissen kommen. Forschende Wissenschaft ist Spekulation.

Die wichtigste Erkenntnis ist: Es verändert sich alles immerwährend.
Mit einer Ausnahme, die ich im weiteren Verlauf erkläre.

Symbolisiert die drei Dimensionen.

Meine Erkenntnisse zum Thema Weltalls

Diese ergeben zwangsläufig Schlussfolgerungen, die vermutlich nicht jedem gefallen werden.
Eine Garantie auf Vollständigkeit will ich nicht geben. Neue Erkenntnisse und Korrekturen können jederzeit vieles ändern. Und wie man sagt, im übertragenen Sinn: „Nicht aufhören zu forschen." Oder: „Fragen, Suchen, und noch mehr Fragen ..."

Eine einzelne Person, wie ich, kann nicht alles bis ins letzte Detail erkennen, bedenken und beschreiben. Änderungen, eventuell Widerlegungen, werden von anderen gemacht.

Ins Weltall

Die entscheidende Erkenntnis hatte ich bereits im Jahre 2017. Die Grundlage aber hatte ich mit den, in den 1990er Jahren wieder freigegebenen Büchern von Helene Blawatsky gelesen. Die Kombination aller meiner zugänglichen Informationen ergaben dann das Resultat. Es war etwas überraschend, ließ aber keinen anderen Schluss zu.

Ich wollte sicher gehen, dass es nicht bereits jemand anderes gefunden hat. Oder es hat sich niemand mit meiner oder ähnlicher Sichtweise daran getraut, weil es zu abwegig erscheint und die allgemeine Meinung zu fest im Gehirn als unumstößlich eingemeißelt ist.

Hätte jemand diese oder eine ähnliche Lösung gefunden, wäre das zwischenzeitlich durch alle Medien bekannt geworden. Bis dato 2022 ist das meines Wissens nicht der Fall.

Dazu dieses von mir gemachte Bild, aber noch ohne den entscheidenden Inhalt, damit es ein wenig spannend bleibt.

Der Schriftzug „Rolling Stones" steht stellvertretend für die Band im Bild. Die Interpretation und das vollständige Bild erfolgen im weiteren Verlauf.

Sehen

Es verhält sich wie die Bildpunkte eines Displays. Sind wir weit genug weg, erscheint es uns, als seien die Farben fließende Übergänge.

Gehen wir sehr nah heran, oder nutzen eine Lupe, sehen wir, dass es sich um einzelne Bildpunkte handelt. Aus deren Zusammensetzungen und Kombinationen ergeben sich die vielen Farbnuancen.

Bewegungen

Das ist auch mit Bewegung so. Sie sind die Hauptfunktion. Die Einzelbewegungen sind nicht fließend. Es sind Sprungbewegungen. Das heißt, jedes Teilchen bewegt sich von einem Ort zum anderen sprunghaft, ohne dass der Weg dorthin auszumachen ist. Auch mit meiner Erkenntnis war das so. Plötzlich. Das lässt den Schluss zu, dass Bewegungen in der Regel sprunghaft funktionieren. Wie Schrittmotoren. Weil es unendlich viele unterschiedliche Bewegungen gibt, kommt es uns vor wie bei den Farben. Sie scheinen fließend zu sein. Bewegungen sind auch die Voraussetzungen für biologisches Leben. Ohne ist die Materie, aus der biologisches Leben hervorgeht, nur eine starre Masse.

Weil es überall Schwerkraft gibt, nimmt man an, die Bewegungen müssen irgendwann zum Stillstand kommen. Was einerseits logisch ist. Aber die Unendlichkeit des Nichts funktioniert wie ein Vakuum, welches die Materie vollständig füllen möchte. Das funktioniert jedoch nicht wegen der Grenzenlosigkeit des Nichts und darum hören die Bewegungen nie auf.

Bei Atomen springen einzelne, den Kern umkreisende Teilchen von einem Ausgangsniveau auf ein Höheres. Fallen aber aufgrund des Schwerkraftkerns wieder auf das Ursprungsniveau zurück. Das ist die Stabilität. Aber sie hält nicht ewig. Irgendwann zerfällt das Atom, wenn es seine Kraft verbraucht hat.
Das sind zwar nur grobe Beispiele, aber sie verdeutlichen, was und wie passiert.
Auf der Quantenebene gibt es das Gesetz der Superposition subatomarer Teilchen. Diese Teilchen unterliegen nicht immer der Schwerkraft. Sie können auch verschiedene Objekte zur gleichen Zeit sein. Das Teilchen kann im übertragenen Sinn z. B. gleichzeitig ein Stein oder ein Baum sein.

Die subatomare Ebene könnte der Übergangsbereich sein, aus der Micro- zur Macroebene. Das wird sicher in Zukunft geklärt werden.

In der Binärwelt können Teilchen unterschiedliche, sich widersprechende Zustände haben. Für mich auch ein Beweis, dass Bewegung erzeugt und unendlich aufrechterhalten wird, sodass es nie zu einem Stillstand kommt.

Schlussfolgernd daraus ist die immerwährende Veränderung. Diese funktioniert ausschließlich in Richtung Zukunft. Selbst dann, wenn etwas augenscheinlich nach rückwärtsgerichtet ist, ist es das nicht, weil die Basisbewegung ihre Richtung in das unendlich reichende Nichts beibehält. Dort existiert kein Hindernis, welches die Bewegung stoppen kann.

Das erklärt auch, warum Erkenntnisse plötzlich und sprunghaft geschehen.

Hypothetisch 1: Zurückkommend auf die subatomare, oder auch kleinste aller kleinen Ebenen, die wir bis dato kennen, sind die dort vorhandenen Teilchen, die permanent ihre Eigenschaften ändern können; Bestandteile sich formender, stabiler Teilchen. Auf der Ebene ist es logisch, dass sich die Teilchen ständig verändern. Im weiteren Ablauf verbinden sie sich mit anderen Teilchen und stabilisieren sich zu größeren Einheiten.

Weltall personalisiert, warum?

Weil ich es bin, der es als Erster geschafft hat, es so zu erklären, wie es nach meinen Erkenntnissen ist. Steht also jetzt meine Flagge drauf, beziehungsweise drin.

Auch das gehört zum All. Schon allein deswegen, weil ich es hier geschrieben habe und es sich damit io All befindet. Klingt provozierend und ist es auch.

Diese Personalisierung gibt nun aber jedem die Gelegenheit, sich ein eigenes All zu machen. Wenn auch nur theoretisch.

Ein weiterer Grund ist Macht. Diese könnte durch meine Erkenntnisse erheblich gestört werden, wenn ich es verallgemeinere. Obwohl die Machtverhältnisse und angeeignete Machtansprüche sich deswegen nicht ändern, oder nur sehr, sehr langsam. Dafür sind Katastrophen notwendig, die die Massen in Aufruhr versetzen.

Halt suchen

In meinem Weltall bin ich frei. Ich halte mich an nichts fest. Wer aber Halt braucht, sucht sich etwas zum Festhalten. Selbst wenn es sich um irreale, externe Illusionsautoritäten handelt. Das ist jedem selbst überlassen.

Darüber hinaus muss nicht alles, was mein Weltall ausmacht, unbedingt exakt stimmen, und wird sich verändern, während der Bewegungsabläufe. Das zum Beispiel ist bereits ein unumstößlicher Fakt. Bewegung, die immerwährend alles verändert.

Hält man sich also an irgendetwas fest, wird man unweigerlich mit diesen Veränderungen früher oder später mitgerissen.

Aber jetzt sind Sie erst mal in meinem All. Wenn Sie alles durchgelesen haben, sind Sie wieder draußen und dann bauen Sie sich vielleicht Ihres – wenn Sie das realisieren können … Oder möchten dieses akzeptieren? Ganz nach Belieben. Möglich auch, dass es andere Denkweisen oder andere Ansätze erschafft, aber Gedanken wird man sich machen.

Und vielleicht ergeben sich hieraus völlig neue, zukünftige Erkenntnisse. Wer weiß? Wie oft wurden wir schon von Dingen io All überrascht, die wir nicht für möglich hielten, oder anders waren als vorausgesehen?

Dieses gigantisch komplexe Thema kann eine einzelne Person kaum mit allen Details erklären. Zudem gibt es immer wieder Neues und ständige Veränderungen. Aber ich habe sehr viel integriert.

Real, Irreal

Was ist real? Was ist irreal?

Fange ich mit real an. Dieser Begriff bezieht sich auf tatsächlich Vorhandenes zum Anfassen, oder tatsächlich Geschehenes. Aber auch Theorie ist real, wenn auch nicht zum Anfassen. Deswegen habe ich den Begriff verdoppelt und das Doppel mit Theorie verknüpft. Real steht für Dinge zum Anfassen und realtheoretisch für Dinge, die man nicht anfassen kann, jedoch dennoch da sind.

Das Irreale. Dieser Begriff wird in der Regel mit: „Das gibt es nicht" in Verbindung gebracht. Nimmt man den Begriff auseinander, dann ist etwas irre real, oder vertauscht, real irre. Reales führt also in die Irre und ist nicht etwa nicht real, aber es kommt nirgends, niemals an, weil es sich verirrt, ist also irreal. Und zack, da haben wir sie wieder: die Unendlichkeit. Darin kann man sich ewig verirren und verlieren.

Nur gut, dass mein schräger Vogel das nicht mitbekommen hat. Obwohl, sein Kommentar dazu wäre sicher irre interessant.

Dr. MC SheekyB:
„Es muss also heißen, wenn etwas nicht real ist, ist es nicht irreal, sondern nicht real."
„Ups, er hat es mitbekommen."

Gefangen (psychisch)

Wir tun uns schwer mit: Grenzen, Zeit, Dimensionen, Raum, Ewigkeit, Unendlichkeit, unter anderem. Meisten sind wir psychisch in geistigen Räumen mit mindestens rationalen Grenzen gefangen.

Grenzen in diesem Zusammenhang stehen auch für Glauben, egoistische Sturheit, Voreingenommenheit, Vorbehalte und Vorurteile.

Dimensionen?

Es gäbe keine Dimensionen, wenn keine schwerkraftgebende Materie vorhanden wäre. Mit ihr gibt es nur drei Raumdimensionen. Ganz gleich was die kreative Wissenschaft sowie die Filmindustrie, oder phantasievolle Leute sich noch so alles ausdenken.

Das All ohne Materie wäre nicht einmal eine Nulldimension. Aber es bietet die Ausdehnung für Materie in alle nur denkbaren und grenzenlosen Richtungen.

Messwerkzeuge

Ein Auszug der gebräuchlichsten Werkzeuge:

Längen, Breiten, Tiefen mit Entfernungsmessern, Gewichte mit Waagen, Geschwindigkeiten mit Tachometern sowie Zeit mit Uhren. Darüber hinaus gibt es Spezialgeräte wie Geigerzähler, Detektoren und viele mehr, die hier aber keine Rolle spielen, weil sie speziellen Anwendungen dienen. Es sind Erfindungen und Bezeichnungen von uns Menschen.

Zeit?

Sie ist keine Dimension. Sie ist nicht real. Zeit ist lediglich ein Messergebnis vom Werkzeug Uhr, zwecks Orientierung. Wir kämen sonst nicht klar und befänden uns in Erklärungsnot. Aus diesem Grund verwende ich diesen Begriff auch wegen der besseren Verständlichkeit. Die Zeiteinteilungen wurden/werden von äußeren Eigenschaften abgeleitet. Planeten brauchen in der Regel eine bestimmte Bewegungseinheit, um einen Umlauf zu beenden und dort neu zu beginnen. Das ist jedoch korrekt bezeichnet kein neuer Beginn, sondern eine Fortsetzung der laufenden Bewegung. Den Schnitt haben wir jeweils an einer Stelle selbst festgelegt. Die Datumsgrenze, an der ein neuer Tag beginnt, oder andere Festlegungen.

Festzustehen scheint, dass es Schwarze Löcher gibt. Da drin ist vermutlich alles, was wir kennen, aufgehoben. Auch die Bewegungsabläufe in ihrem Innern verhalten sich unter Umständen anders, sodass wir keine Möglichkeit haben, dort Zeit zu messen und zu skalieren.

Zeit – die 2.

Sie ist eines der heikelsten Themen zum Verständnis des Weltalls. In meinem Weltall gibt es keine Zeit. Sie ist lediglich ein Messergebnis von Bewegungsabläufen, in Verbindung mit Geschwindigkeit. Sie wird genutzt zum Unterscheiden und in Relation setzen. So wie wir Gewichte oder Strecken auf einer Skala messen.

Die Uhr ist die Skala. Das Werk bewegt sich nach von uns gemachten Vorgaben oder ausgesuchten Schwingungsmaterialien.

Im Raum bewegen sich Materialien unter anderem mit unendlich vielen, unterschiedlichen Geschwindigkeiten.

In diesem Zusammenhang ist die sogenannte Raumzeitkrümmung, eine Bewegungskrümmung, wegen der Auswirkung der Schwerkräfte, die Materie und Teilchen umleitet. Diese aus einer vorhandenen Bewegungsrichtung in Richtung eines größeren Schwerkraftobjekts ändert.

Jeder Schwerkraftkörper zieht Materie an. Umso schwerer der Körper, desto stärker bewegt sie die leichtere Materie in seinem Aktionsumfeld auf sich selbst zu. Das krümmt angeblich den Raum in der Umgebung. Es ändert jedoch lediglich die Bewegungsrichtung des Objekts.

Ein z. B. gigantischer Schwerkraftkörper zieht die umgebende Materie an, die sich in seinem Einflussbereich befindet. Lichtstrahlen, die nahe genug an einem solchen Objekt vorbeifliegen, werden von ihrer geraden Bahn abgelenkt und um fließen das schwere Objekt. Dadurch verlängert sich ihre Bahn und die Flugrichtung.

Aber verlängert sich die Bahn tatsächlich, oder wird lediglich die Flugrichtung geändert? Denn worauf der Strahl ursprünglich abzielte, ist durch die Richtungsänderung nicht mehr gegeben, sodass es keine Bahnverlängerung ist. Lediglich eine Bahnänderung mit anderem Ziel. Das Ziel ist aber nicht vorgegeben. Der Strahl trifft irgendwann zufällig ein Objekt auf seinem Weg und wird dort für andere Zwecke integriert. Wie auf der Erde unter anderem zur Fotosynthese in den Pflanzen. Oder zurückreflektiert. Der Strahl trifft aber nicht wieder auf seinen Ursprung zurück, denn die Objekte dazwischen und das Ursprungsobjekt standen nicht still.

Zeit ergibt sich in Verbindung mit dem Raum und der darin bewegten Materie, jedoch nur als Messergebnis einer Uhr.

Der Raum

Er entsteht io All, durch die dort vorhandenen Kräfte, welche die Ausdehnungen erzeugen. Erzeugen ist vielleicht nicht ganz der richtige Begriff, aber ohne die vorhandenen Massen gäbe es keinen Orientierungspunkt, von dem aus sich ein Raum ausdehnt. Raum ohne Inhalt und Begrenzung ist kein Raum. Wenn nichts darin ist, ist es auch Nichts, ohne Raum, einfach etwas, was nicht existiert, aber trotzdem die Voraussetzung für alles ist.

In ihm gibt es nur die drei bekannten Dimensionen/Ausdehnungen. Das wird im Verlauf klar.

Ewigkeit und Unendlichkeit sind schwer zu verstehende Ausdehnungsbegriffe, weil sie nicht greifbar sind. Darüber hinaus ist vieles ineinandergreifend, wie ein gordischer Knoten.

Greifbar wird alles erst durch die Materie, die Bezugspunkte bilden.

Raumzeit

Obwohl an der Einstein'schen Formel $E=MC^2$ alles stimmt, hebe ich die Zeit als Dimension auf, wie bereits in Kapitel „Zeit" beschrieben. Daraus folgert, es gibt keine Raumzeit.

Es scheint so, als traue sich niemand, solche Koryphäen zu hinterfragen oder an ihren Theorien zu rütteln. Sie sind geradezu tabu. Aber das hat mich noch nie davon abgehalten, anders zu denken. Bliebe anderenfalls vielleicht vieles so wie es ist, obwohl es ganz anders ist.

Wir nehmen zwei Lichtstrahlen, A und B. Eine Anfangsposition A und Ziel B:

Lichtstrahl A hat die gerade Linie zum Ziel. Das ist der kürzeste Weg.

Lichtstrahl B muss nahe an einem Schwerkraftobjekt vorbei und wird dort ein wenig umgeleitet. Macht also einen Bogen und dadurch ist der Weg länger zum Ziel B. Lichtstrahl B kommt also etwas später am Ziel an. Richtig?

Richtig nur dann, wenn man die Aussage so hinnimmt. Falsch, wenn man genauer darüber nachdenkt. Warum?

Ich nenne sie geniale Künstler. Die Mitarbeiter der Raumfahrtunternehmen, die den Weg der Raketen und Satelliten so genau berechnen, dass sie deren Geschwindigkeit erhöhen, indem sie sie nahe an Planeten vorbeifliegen lassen und ihnen mit der Planetendrehung einen Geschwindigkeitsschub verleihen. Es wird aber auch ihre Richtung geändert.

Das Gleiche geschieht mit dem Lichtstrahl B. Er kommt nie am Ziel B an, sondern wird beim Vorbeiflug des Schwerkraftobjekts ebenfalls in eine andere Richtung gesteuert, weil er durch die Anziehungskraft ein wenig um das Objekt herumgeleitet wird.

Man muss berücksichtigen, dass die Umleitung zwar funktioniert, ein Geschwindigkeitsschub aber nur mit Objekten unterhalb der Lichtgeschwindigkeit funktioniert.

Die Lichtgeschwindigkeit ist jedoch bereist die schnellste Geschwindigkeit.

Interessant in dem Zusammenhang ist damit die Frage: Wird der Lichtstrahl beim Vorbeiflug eines Schwerkraftobjekts schneller, wie die Raketen? Falls ja, würde er die eigene Geschwindigkeit überschreiten und quasi schneller als sich selbst sein, die sich aus der Erhöhung der Geschwindigkeit durch das Schwerkraftobjekt ergibt und plötzlich aus unserem Sichtbereich verschwinden.

So wie beim Überschreiten des Ereignishorizonts in der Nähe eines schwarzen Lochs, von wo aus nicht einmal Licht entkommt.

Dann gibt es noch die Darstellung, die sicherlich die meisten kennen.

Es wird ein 2D-Gitternetz gezeigt auf das ein Schwerkraftobjekt absinkt und weiter einsinkt. Lediglich ist optische Darstellung ist 3D und als Metapher zu verstehen. Die Erklärungen dazu sind alle einleuchtend, wenn man sie so hinnimmt. Als sinnbildliche Darstellung der Raumzeitkrümmung. Was könnte daran falsch sein?

Wie ich an anderer Stelle beschrieben habe, ist Zeit nur ein Messergebnis, zwecks Bestimmung von Geschwindigkeiten, die ein Objekt benötigt, um von A nach B zu kommen. Nehme ich also die Zeit aus dem obigen Begriff heraus, bleibt Raumkrümmung. Eine bildhaft reale 3D Darstellung ist nicht möglich. Sie sähe vermutlich ähnlich aus wie ein schwarzes Loch. Und unsere Beobachtungen zeigen, dass alles in Kreisbewegungen verläuft, sich also Scheibenförmig dreht.

Ein Schwerkraftobjekt befindet sich an irgendeiner Stelle im Raum. Drum herum ist nichts, bis auf die vorhandenen Strahlungen, Licht, Gamma, u. a., die von überall her zu dem Objekt fliegen und von ihm beeinflusst, oder vollständig angezogen und verschluckt werden.

Die visuelle 2D-Gitternetzdarstellung ist nun eine 3D-Realität, weil aus allen nur erdenklichen Richtungen andere Objekte darauf zufliegen. Das Schwerkraftobjekt verbiegt nicht den Raum, sondern übt auf die in seiner Nähe befindlichen oder herannahenden Objekte Schwerkrafteinfluss aus.

Dadurch eliminiert sich auch die Raumkrümmung. Wäre theoretisch das Schwerkraftobjekt nicht von weiterer Materie umgeben, befände es sich allein im Nichts. Aber Nichts ist nichts, da lässt sich nichts krümmen, weil in dem Fall nur ein Einzelobjekt darin ist. Dieses Einzelobjekt im Nichts ergib nicht einmal einen Raum.

Dazu braucht es mindestens zwei, die sich in einiger Entfernung voneinander befinden. Der Abstand dazwischen ist der Raum. Und um Bewegung zu erzeugen, sollte eines davon eine etwas geringere Schwerkraft haben. Aber auch das Nichts, das gefüllt werden will, bringt die Materie in Bewegung.

Raumzeit ist deswegen falsch, weil die in ihr, in Bewegung befindliche Materie als Zeit gemessen wird. Gäbe es die Materie nicht, gäbe es keinen Raum, in dem etwas gemessen werden könnte. Aufgrund der Unendlichkeit nicht einmal die Größe. Andererseits, ohne Materie wären wir nicht existent. Wie wollten wir da überhaupt etwas messen?

(Gäbe es theoretisch nur ein Einzelmaterieobjekt im Nichts, würde es in alle Richtungen auseinandergerissen und die Teilchen im Nichts verschwinden, jedoch bleiben sie immerwährend erhalten.)

Grenzen?

Grenzen sind nicht statisch, deswegen nicht real. Allenfalls sind es rationale Grenzen. Das ist akzeptierbar. Es sind durchlässige Grenzbereiche. Sie nehmen wechselwirkend Einfluss auf ihre direkte Umgebung oder werden von ihr beeinflusst. Wie unsere Haut. Creme dringt ein, Schuppen fallen ab.

Grenzen – die 2.

Wie gesagt, es gibt keine realen Grenzen. Wir tun uns schwer damit, weil wir ständig welche vor Augen haben. Das ist jedoch trügerisch. Alles interagiert mit der direkten Umgebung und im Verlauf mit allem.

Wir Menschen, das optimale Beispiel. Unser Körper ist zwar sichtbar an unserer Haut zu Ende. Aber wir nehmen aus der Umwelt Nahrung auf und geben sie umgewandelt wieder zurück. Wir atmen, wir schwitzen und stoßen verbrauchte Zellen in Form von Schuppen ab.

Unsere Erde wird ständig von außen mit Meteoriten bombardiert und wir selbst sind es, die von unserem Planeten ans Universum abgeben. Sei es in Form von Raketen und Satelliten, oder atmosphärischem Austausch.

Die Sonne strahlt ihre Energie in den Raum. Absolute Grenzen gibt es nicht

Übergangsbereiche

Phantasien, Hypothesen, Theorien vs. Reales. Manches davon kann real werden, anderes vorübergehend und wieder anderes wird es erst, wenn die Voraussetzungen dafür gegeben sind. Vieles, was theoretisch vorstellbar ist, bleibt irreal. Versuchen wir nur mal unseren Kopf um 360 Grad oder weiter zu drehen. Theoretisch, auch mathematisch geht das, real Genickbruch.

Mathematisch Nachweisbares vs. Reales. Das Problem mit der Mathematik sind die Lösungen, die ein endgültiges Ergebnis haben. Dann ist ein Ende erreicht. Damit ist aber nicht gesagt, dass sich das auch realisieren lässt. Reales wird in der Regel mit der Mathematik bestätigt. Mögliches kann mit der Mathematik bestätigt werden, muss aber nicht zwingend zu Realem führen, wenn dem nicht überwindbare Hindernisse im Wege stehen, oder sich keine Voraussetzungen ergeben.

Als Beispiel: Aus einem Klumpen Lehm kann man ein Gefäß machen. Lehm muss da sein, Wasser muss da sein und jemand, der es macht. Fehlt davon etwas, bleibt der Klumpen Lehm, wie er ist.

Dazu muss gesagt werden, das Obige bezieht sich auf das uns bis jetzt Bekannte und befindet sich im Umgebungsbereich der Erde. Möglich ist, dass sich in unserem Planetensystem Übergänge und Besonderheiten befinden, die wir noch nicht kennen, geschweige denn was viel, viel weiter außerhalb unseres Planetensystems und Universums vorhanden ist.

Neue Überraschungen kommen nicht einmal so selten vor. Darum distanziere ich mich von sogenannt Endgültigem.

Begründungen: Nichts + Materie

Das Weltall ohne Masse ist die Basis von allem. Es ist nichts und alles, Leere und Vakuum, oder Voraussetzung ohne Funktion, sowie ewig und unendlich. Die sich daraus ergebende, inaktiv resultierende Kraft für sich alleine genommen, kann man nicht als Funktion betrachten. Alle Begriffe im vorstehenden Satz zusammengenommen, sind das All. Es kann dort niemals etwas funktionieren, was für sich alleinsteht. Es müssen zwangsweise immer mindestens zwei sein, die miteinander interagieren. Die Interaktion ist die erzeugte Bewegung, aus Materie und dem passiven Nichts, in der sich die Materie ausbreitet, also bewegt. Das sind die Faktoren, die alles ausmachen. Nur so funktioniert was innen und außen (io) ist.

Darin? Das würde bedeuten, das All hat Grenzen. Aber es ist unendlich. Wie kommt man aus der Nummer gedanklich raus? Nur mit Vermutungen. Und das ist ein Beweis, dass es keine Grenzen gibt. Könnte man sie definitiv beantworten, hätten wir wieder das Problem mit den Grenzen, und die Bewegungen kämen zum Stillstand. Aber es gibt keine. Alles ist offen, die Bewegungen können sich unendlich weiterbewegen und unsere Gedanken können unendlich weiter fantasieren.

Würde man das Nichts respektive das All ohne Masse als Kraft annehmen müssen?

Nein, es funktioniert nur in Verbindung mit der Materie, ist aber in dem Zusammenhang tatsächlich die größte, überhaupt vorstellbare Kraft. Ohne Materie ist das Nichts keine Kraft. Nichts plus Materie sind Zwangsexistenzen. Die Schwerkräfte der Materie haben anziehende und abstoßende Kräfte. Nun weiter zum Kernthema.

Das Nichts

Die Faszination des Nichts und wie wichtig es tatsächlich ist.

Warum habe ich mich mit dem Nichts befasst? Das ergab sich aus vielen Informationen und meinen Kombinationen mit den sich daraus ergebenden Schlussfolgerungen. Aber auch ein Zufallsergebnis.

Warum hat die Wissenschaft das nicht schon lange erkannt und sich damit befasst?

Generationen von Wissenschaftlern und Philosophen ist das bis jetzt nicht in den Sinn gekommen.

Ich kann es mir nur so erklären: Warum, wenn man zwar schon gelegentlich daran gedacht hat, sich damit zu beschäftigen? Wo nichts ist, ist nichts und bringt nichts. Also hat man den Gedanken daran vermutlich gleich wieder verworfen.

Das habe ich den Intelligenzen hiermit abgenommen und ermutige Sie, heftig darauf herumzuprügeln, oder es in ihr Wissen zu integrieren.

Das Nichts befindet sich überall, sowohl im Allerkleinsten, wie im Allergrößten. Das bedeutet, es ist in allem drin. Im Raum, also außerhalb der Materien und auch innerhalb der Materien.

Weil das nicht offensichtlich zu erkennen ist, kann man es als relatives Nichts bezeichnen, wenn man möchte.

Nichts oder mathematisch Null, ist passiv und ohne jeglichen Widerstand.

Mathematisch erhöht jede Null hinter einem vorstehenden Wert diesen um das Vielfache. Die Null davor kann jeden erdenklichen Wert beinhalten.

Zum Beispiel: Null nimmt alle erdenklichen Zahlenwerte auf. Nichts nimmt alle Materie auf. Jedoch nicht in sich auf, weil es keine Grenzen gibt. In würde bedeuten, das Nichts hätte Grenzen. Auf das All bezogen steht das Nichts vor der Materie, in der sich die Materie uneingeschränkt ausbreiten kann. Aber es ist auch innerhalb der Materie, die damit die Bewegungen möglich macht. Null hinter einem Wert erhöht diesen um das Vielfache.

Übertragen auf die Materie im Nichts funktioniert das jedoch nicht, denn weil die schon immer darin ist, vermehrt sie sich nicht, dehnt sich aber im Nichts immer weiter und vermutlich sogar immer schneller aus

Wer kennt nicht die Darstellung der Mayazeiträder. Ein Planetengetriebe, dessen innere Räder jeweils ein überproportionales größeres Rad drehen. Gehen wir umgekehrt von einem angenommen sehr großen Rad aus, das die Inneren dreht. Dann würde sich theoretisch das kleinste denkbare Rad mit unglaublicher Geschwindigkeit drehen.

Mathematisch angenommen: Null, darin befindet sich PI. Null allein ist unendlich und damit die größte aller denkbaren Ausdehnungen. Wenn man noch von Ausdehnungen sprechen kann. Aber aufgrund eines nicht vorhandenen besseren Begriffs muss der noch herhalten.

PI repräsentiert die Dimensionen und die Materie, die sich in Null ausdehnt: P = D und I = M

Als Beispiel: Die Nullen hinter einer Zahl: 1 + 0 = 10, oder 1 + 00 = 100 bis Unendlich. Damit folgen PIs Nachkommstellen immer der Null bis unendlich. PI ist somit die etwas schwächere Kraft, weil sie folgt bzw. ins Unendliche gerissen wird. Das beweist: Null ist die stärkste aller mathematischen Kräfte.

Vor PI ist Null die Basis, die PI beinhaltet. Beinhaltet ist auch nur ein Hilfsbegriff, weil kein besserer zur Verfügung steht, oder mir nicht eingefallen ist.

Das kann man drehen und wenden, wie man will, um das Nichts respektive Null kommt man nicht herum. Selbst wenn es Antischwerkraft, Antimaterie oder sonstiges Anti geben sollte, alles ist im Nichts. Interessant ist auch, wenn Materie auf Antimaterie trifft, sollten sie sich an und für gegenseitig auslöschen.

Auch eine irreale externe Autorität befindet sich im Nichts. Anderenfalls erzwingt das die Frage nach dem, worin sich die Autorität befindet, und die befindet sich wiederum im Nichts. Und die Frage nach dieser Autorität lässt sich ins Unendliche fortsetzen.

Fazit: Null vor einem Wert ist die unendliche Basis, Null hinter einem Wert die Expansion in die Unendlichkeit.

Wobei Wert in diesem Fall die Materie ist, der der Wert zugeordnet wird.

PI ist in diesem Zusammenhang nicht als Berechnungskonstante zwecks Ermittlung einer Kreisfläche oder des Kugelinhalts zu sehen. Ich komme an anderer Stelle noch mal darauf zurück.

Ein Wort zum Vakuum: Real existiert es nur zu einem winzig, winzig kleinen Teil. Wenn überhaupt und unter Voraussetzung vorhandener Materie.

Bildet es sich, weil die Schwerkraft die Materie an sich zieht, vergrößert sich die Aussenvakuumkraft, solange bis es sich die Materie zurückholt. Die explodiert oder implodiert und füllt die Leere wieder. Jedoch ist das Vakuum niemals vollständig leer.

Im weiteren Verlauf zieht die Schwerkraft die Materie dann wieder an.

Dieser Vorgang geht immer weiter und weiter. Sie endet nie. Es ist eine Einbahnstraße. Ihre Richtung ist immer die Zukunft. Eine sich immer verändernde und neu bildende Materiebewegung. Aus diesen Veränderungen lässt sich nur die Zukunft als Richtungsbewegung ableiten. Niemals in die Vergangenheit führend.

Diese Bewegung ist die Primärbewegung von allem, die alles was rückwärts gerichtet ist, trotz allem mit in die Zukunft nimmt.

Daraus ergibt sich die Voraussetzung für „Alles ist möglich", wenn die Voraussetzung gegeben ist und die jeweiligen Umgebungskräfte das zulassen.

Alles ist möglich, aber alles ist nicht überall und immer möglich. Dafür müssen wir nicht weit ausholen. Unsere Tiere reichen bereits dazu: Sie haben je nach Art ausgeprägtere Sinne, riechen, sehen, hören oder produzieren Gifte.

Vielleicht gibt es außerhalb unseres Sonnensystems, Galaxie, oder Universum andere physische Zusammensetzungen. Vielleicht sogar in unseren Systemen, aber wir können sie nicht erkennen.

Das ist einfach zu erklären. Wenn sich etwas entwickelt, entwickelt es sich, weil es das noch nicht gab und kann sich festigen. Eine sich geöffnete Lücke wird damit geschlossen. Das geht sehr schnell. Es gibt dann keine Gegenkraft, die das aufhalten kann. Gibt es jedoch schon etwas Ähnliches oder es entwickelt sich etwas fast Gleiches, wird es unter Umständen nicht stabil. Es realisiert sich nicht, oder poppt nur kurz auf und ist schnell wieder verschwunden.

Stellen Sie sich das so vor: Früher gab es Tauschhandel. Der wurde zu umständlich. Eine Einheit musste her. Die gab es noch nicht, also stand keine Kraft gegen das Tauschmittel Geld. Geld gibt es nun nicht nochmal, lediglich Unterteilung in Währungen.

Ähnlich wie Grippe. Es gibt sie nur einmal, aber mit unendlich vielen, immer neuen Varianten.

Oder die Börse. Sie bleibt, aber gelistete Firmen darin kommen und gehen.

Auch wenn diese Vergleiche ein wenig hinken. Sie sollen es nur verständlich machen. Auch die Stabilsten werden irgendwann vergehen.

Und neueste gefüllte Lücke: Kryptos. Krypto bleibt, aber Coins, Token u. a. darin werden kommen und gehen.

Warum konnte das passieren?

Ich nenne eine solche Lücke Voraussetzungslücke. Diese war gegeben, als die Digitalisierung das zuließ. Die Hardware, die Software, die Programmiersprachen waren da und Programmierer die, die Entwicklung damit machen konnten. Dann ging alles relativ schnell.

Ich denke, es ist mit diesen Beispielen verständlich, was Kräfte zulassen und was nicht.

Aber die Kraft, die alles zulässt, ist das passive Nichts.

Technisch Biologisches als Beispiel: Wenn alles möglich wäre, sollten sich unsere Gelenke um sich selbst drehen können. Ihnen sind allerdings die mechanisch-biologischen Grenzen gesetzt. Weil das Nichts grenzenlos ist, ist es die Voraussetzung, dass die Materie in ewiger Bewegung bleibt. Dafür ist das Nichts das Nichts.

Io All gibt ein energiereicher Planet, wie die Sonne, seine Energie in alle Richtungen ab.

Aber ein aufnehmendes Objekt, zum Beispiel ein Schwarzes Loch, kann das nicht. Es kann die Materie nur seitlich aufnehmen und dadurch entsteht eine sich drehende Materiespirale. Ganze Galaxien drehen sich darum.

Dass diese Spiralgalaxien existieren, konnten wir erst entdecken, als wir die teleskoptechnischen Voraussetzungen dafür hatten.

Jahre später, in Verbindung mit vielen weiteren Informationen, hat mein Unterbewusstsein all diese Infos zu der schlussendlichen Erkenntnis kombiniert. Es war keine gezielte Suche. Das bildete sich heraus und plötzlich kannte ich die Zusammenhänge.

Nach neuesten Erkenntnissen und Beobachtungen der Wissenschaft sind Spiralbewegungen selbst in den Weltmeeren lokal vorhanden. In der Atmosphäre sowieso, man denke an Wirbelstürme etc. Es ist davon auszugehen, dass alles Bewegliche sich in Spiralform um einen Schwerpunkt bewegt, auch wenn das nicht sofort erkennbar ist – zumindest, wenn ein Schwerkraftobjekt oder die Gravitation die Bewegung frei beweglicher Körper erzeugt.

Aber aufgrund meiner Erkenntnis lässt sich das nicht nur vermuten, sondern auch beweisen.

Die Kreiszahl PI mit drehenden Spiralen zu kombinieren war zwar verrückt, aber stellte sich letztendlich als geniale Lösung heraus. Und dann noch das Nichts mit einbezogen. Schon lässt sich alles erklären.

Das ist das Allesnichts. Weiter geht es mit ...

Das Nichts – das 2.

Das Nichts als die größte, aber passive Kraft zu erkennen und zu beweisen, habe bis jetzt nur ich geschafft. Auch wenn man an und für sich etwas Inaktives nicht als Kraft bezeichnet.

Niemand hat jemals auch nur in Erwägung gezogen, dass das Nichts eine Kraft sein könnte. Es ist da und einfach zu offensichtlich. Man muss nicht darüber nachdenken, ob es eine Kraft sein könnte. Wie sollte nichts eine Kraft haben? Das ist verständlich. Was kann das schon bewirken. Logisch, eigentlich nichts. Der Begriff Kraft trifft es nicht genau, weil das Nichts Passiv ist, aber damit lässt es sich verständlicher erklären.

Tatsache ist, es ist der stärkste Beweger, der die Materien/ Schwerkräfte in Bewegung hält. Sie fallen in diese nicht endende Leere und versuchen sie zu füllen, was bei nicht endend logischerweise nicht gelingt. Die genial einfachste Lösung ist, die schon immer vorhandene Materie/Schwerkraft durch ein bereits ewiges Vergangenheitsnichts und durch ein ewig andauerndes Zukunftsnichts ziehen zu lassen, das gleichzeitig eine andauernde Veränderung bewirkt, sodass es nie etwas genau Gleiches gibt. Niemals.

Das unendliche Nichts ist das große Nichts. Nun zum ...

Das kleine Nichts

Die Wirkungen der unterschiedlich großen Massen, die sich anziehen und abstoßen sind allgemein bekannt. Wenn eine Masse groß genug ist, zieht sie eine kleine an und integriert sie. Die Anziehung ist dann so kräftig, dass sie die Abstoßung der kleineren Masse überwindet und diese an sich bindet.

Die Zwischenräume zwischen den Galaxien, betrachte ich als Nichts. Der sie umgebende Leerraum in den die Galaxien sich bewegen können.

Das lässt sich auf die Microebene übertragen. Teilchen u. a. sind von einem sehr, sehr kleinen Zwischenraum umgeben, der ihre Bewegungsfreiheit garantiert.

Diesen Zwischenraum nenne ich: Das kleine Nichts.

Man kann den Zwischenraum auch als Schmierstoff betrachten, wie die Schmierung eines Kolbens im Zylinder eines Motors.

Das Zwischennichts

Es ist der Freiraum der, die Bewegungen der Materien ermöglicht.

Es ist also überall vorhanden, sowohl intern in den Materien, damit sich die Inhalte darin bewegen können, z. B. Wasser in Pflanzen aufsteigen kann, Teilchen Kerne umkreisen können und außerhalb, Planetensystem in Bewegung hält. Von mir auch Innennichts genannt. Ein weiteres Nichts fällt mir gerade nicht ein. Mag sich aber noch ergeben.

Das Nichts und das Alles, kurzgefasst

Wenn es das Nichts nicht gäbe, gäbe es auch kein Alles. Weil in einem Nichts bereits alles ist.

Umkehrschluss, weil Alles, wie der Begriff bereits aussagt, auch das Nichts enthält, sonst wäre es kein Alles. Ohne beides geht es nicht, obwohl beide in diesem Fall gleich bzw. eins sind.

Nichts und Alles sind gleich. Mathematisch 0 und da ist Alles im Nichts, oder Nichts im Alles.
Damit aber alles ist, wie es ist, brauchte es 1. das Nichts io für 2. die Materie und 3. die daraus resultierende Materiebewegung. Das alles schafft aus sich selbst heraus immer neue Voraussetzungen für immer Neues. Ohne den Freiraum für Bewegung gäbe es uns nicht.

Dr. MC SheekyBs Logik:
„Wenn es Logik gibt, dann gibt es auch Antilogik. Ist doch logisch, oder?"
„Ja, und es gibt auch Antivögel."
„Wo?"
„Schau dich an, dann siehst du einen."
„Ich habe keinen Spiegel dabei."
Hihi.

Leere

Die Leere kann niemals verändert werden. Absolute Leere gibt es jedoch nicht. Sie ist bisher vollkommen außer Acht gelassen. Wie im Kapitel „Das Nichts – das 2." beschrieben.

Spiralgalaxien

Weil es sich herauskristallisiert hat, bewegt sich alles in Spiralform. Von unendlich klein bis unendlich groß. Die Galaxien und das lässt auch für unser Universum, welches als eine Scheibenform von der Wissenschaft erkannt wurde, den Schluss zu, es dreht sich um ein Schwerkraftobjekt usw. Also unser uns bis dato bekanntes Universum dreht sich um ein noch größeres

Objekt. Das setzt sich bis ins Unendliche fort. Die Materie als 3D Form bleibt erhalten, denn flach, die Scheibenform, bedeutet nicht gleichzeitig 2D.

Weil Materie grundsätzlich 3D ist, sonst gäbe es keine, sind auch die kleinsten aller kleinsten Partikel, wenn es die denn überhaupt gibt, immer noch 3D.

Verständlicher ausgedrückt, unser uns bekanntes und bis dato erforschbares Universum, dreht sich mit den innwohnenden Materien um den Mittelpunkt eines noch viel größeren Schwerkraftobjekts. Das wiederum um ein noch Größeres usw.

Es finden sich überall auf der Erde Darstellungen von Spiralen. In Verbindung mit den Beobachtungen der Teleskope die, die Bewegungen aufzeigen, gaben mir die entscheidenden Erkenntnisse.

Es gibt sie, um nur zwei Beispiel zu nennen, in Irland, im County Meath am Fluss Boyne vor dem Newgrange Hügeleingang in Stein gemeißelt.

Ein interessantes, sehr, sehr altes Objekt, ist ein kleiner, etwa tennisballgroßer Stein, genannt Taui Ball, auf dem drei Spiralkreise in hoher Qualität eingeritzt sind, die nach meinem Dafürhalten auch Spiralgalaxien darstellen sollen. Darstellungen von Spiralabbildungen gibt es überall, auf allen Kontinenten.

Die historisch griechische Kunst stellt sie abstrakt dar. Auf ihren Vasen u. a. Die geometrisch umlaufenden Formen sind symbolische Abbildungen von Spiralen. Sie wurden und werden heute noch als Dekoration oft in Räumen unterhalb der Decken umlaufend angebracht – vorwiegend in griechischen Gaststätten.

Und selbst ein allseits bekanntes, aber seit den 1940er-Jahren verbotenes Symbol ist eine abgewandelte Spiralform.

Zu erforschende Spekulation

Unser Universum gehört zu einem noch größeren Spiralsystem usw., wobei auch die Universen selbst Spiralsysteme sind, bis unendlich. Auch das ist logisch, aber ob das jemals real bewiesen werden kann, bleibt aufgrund unserer Möglichkeiten fraglich. Der Beweis ist aber unsere Phantasie, die es nicht gäbe, wäre es nicht so. Umso größer die Strukturen sind, desto langsamer sind ihre Bewegungen vermutlich. Sie kommen jedoch nie zum Stillstand.

Umso mehr die schwarzen Löcher alle Materie anziehen, desto langsamer wird die Eigenrotation, aufgrund ihrer immensen Schwerkraft. Wenn alle Massen zu einem einzigen Schwarzen Loch vereinigt sind, kommt es fast zum Stillstand, wenn es nicht ex- oder implodiert. Es kann auch anders herum sein. Die Rotationsgeschwindigkeit wird unglaublich schnell. Die Beobachtungen, die wir machen können zeigen, dass die spiralartigen Bewegungsabläufe immer gleich sind. Ob im Kleinen oder Großen.

Dr. MC SheekyBs Vermeldung:
„Ha ha, du gibst komische Sachen von dir. Das versteht niemand."
„Meckere nicht herum, schräger Vogel."
„Ohne schrägen Vogel keine seriöse Wissenschaft. Ist doch klar!"
„Sicher, und wer ist der schrägste Vogel?"
„Na, ein Vogel eben."
„Also du."
„Jetzt gehst du zu weit."
„Das dachte ich mir. Wie kann es auch anders sein?!"
Hier mal ohne „Hihi". Es kann irre machen. Aber versuchen Sie nicht mit dem Kopf gegen eine Wand zu schlagen. Das könnte der Wand schaden und erzeugt Reparaturkosten oder ein Schleudertrauma.

Bewegungsrichtung

Ich hoffe, ich kann das verständlich und nachvollziehbar erklären. Das Nichts als unendliche Basis kennt keine Grenzen. Materien, die den Raum erzeugen, dehnen sich aufgrund ihrer Schwerkräfte darin in alle Richtungen ebenfalls unendlich aus und versuchen den Raum zu füllen. Aber es ist ein Raum ohne Grenzen, sodass die Ausdehnungen immer weitergehen, ohne je den Raum vollständig zu füllen. Der müsste Grenzen haben, welche die Ausdehnung stoppt.

Damit ist die Richtung der Bewegung/en bereits vorgegeben. In alle Richtungen immer weiter und weiter und ist eine Einbahnstraße ohne Wiederkehr. Auch dann nicht, wenn etwas scheinbar der Basisbewegung entgegenläuft. Diese scheinbare Rückwärtsrichtung findet auf der Bewegungsskala nicht auf dem vorherigen Weg nach rückwärts statt, von der sie gekommen ist, sondern ist eine rückwärts gerichtete Parallelbewegung, hervorgegangen aus ihrer davor stattgefundenen Richtung.

Real findet das jedoch nicht statt. Aus dem Grund habe ich den Begriff scheinbar benutzt, denn eine Ausdehnung in die Unendlichkeit wird nie eine Grenze erreichen, dann stoppen und sich eventuell nach rückwärtsrichten. Das würde gleichzeitig bedeuten, die Rückwärtsbewegung löscht ihre eigene vorhergehende Bewegung aus. Es hätte also gar keine Bewegung stattgefunden.

Fazit: Es findet immerwährend nur eine Bewegungsrichtung statt. In die Zukunft.

Hintergrundstrahlung

Was, wenn die Hintergrundstrahlung nicht auf einen Urknall zurückzuführen ist?

Wenn es sich, wie ich vermute, um die in die Unendlichkeit ausdehnende Materie handelt?! Vielleicht von den vielen Galaxien, die diese Strahlung ausmachen, weil wir mit unseren Möglichkeiten die Details nicht erkennen können. Umso weiter wir im Raum Details erkennen können, wird das möglicherweise noch bestätigt werden.

Wie kann ich das verständlicher machen? Im Nahbereich sehen wir in der Nacht die Sterne und die Schwärze des Nichts dazwischen. In weiterer Ferne die Galaxien mit den Zwischenräumen. Umso weiter wir von unserem Standpunkt aus sehen können, umso mehr Galaxien sehen wir, aber die Zwischenräume werden immer dichter, bis wir in sehr weiter Ferne nur noch die Galaxien als vollständig weiße Masse sehen. Gehen wir jedoch dichter heran, werden die schwarzen Zwischenräume wieder sichtbar.

Das kann man sich so vorstellen: Wir betrachten eine scheinbar glatte Fläche. Anschließend schauen wir mit einem Mikroskop auf die Fläche und erkennen, dass die Fläche gröber strukturiert ist und sind damit näher an die Fläche herangekommen.

Weil aber auch in der fernsten Ferne die Zwischenräume zwischen den Galaxien vorhanden sind, wird alles zu einem krisseligen schwarz, grau, weiß Gemisch. Die Strahlung kommt von den darin befindlichen Sternen. Gut zu sehen war das auf den alten Fernsehröhren.

Damit wäre auch die Urknalltheorie nicht so festgeklopft.

Die Logik spricht auch dagegen. Der Urknall, falls es einen gab, ist Vergangenheit, Wenn wir demnach nach dem Urknall suchen, sollten wir rückwärts suchen. Wir sollten uns also auf einen winzigen Schwerkraftpunkt in der Vergangenheit konzentrieren, der dann explodierte. Wie das aber funktionieren kann, bleibt ein Rätsel. Der Urknall käme uns sozusagen entgegen, wenn wir nach ihm forschen.

Wir müssten den Ursprungspunkt finden, forschen aber in die Expansionsrichtung.

Wir forschen also von unserem Standpunkt aus in die Weite. Aus unserer Zukunft (weil es eine reale Gegenwart nicht gibt;

Und man kann an dieser Stelle nicht sagen: Aus unserer Vergangenheit, denn die ist bereits hinter uns), in die noch vor uns liegende Zukunft.

Diese dehnt sich jedoch immer weiter aus. Dadurch scheint, wir werden den Expansionsendpunkt nie erreichen.

Andererseits würden wir einen zurückliegenden Urknall nicht ausmachen können, weil der vollständig expandiert ist und tatsächlich seine Spuren nur in der Zukunft zu suchen sind.

Man nimmt die Lichtgeschwindigkeit als Messbasis, um zum Urknallzeitpunkt zu kommen, diesen zurückrechnen zu können. (In der Mathematik gelingen Reisen in die Vergangenheit und Zukunft. Aber eben nur dort und in unserer Phantasie.) Auch ist nicht klar, wo wir uns io All befinden. Wir kennen mittlerweile zwar unseren Ort in der Galaxie. Aber io All? Wo und wie wollen wir den Urknallursprung lokalisieren?

Forschen können wir nur mit den Möglichkeiten, die wir zur Verfügung haben. Also in Bereiche, die wir noch sichtbar oder messbar bestimmen können. Darüber hinaus bleibt es spekulativ.

Eine Hypothese: Das, was wir sehen, unser schwarzes All, mit den Masseobjekten darin, von strahlend aktiv bis inaktiv dunkel.

Was wir nicht sehen, aber vielleicht noch entdecken könnten. Weiße Zwischenräume mit schwarz strahlenden Objekten darin. Dann ist umgekehrt die inaktive Leere weiß und die aktive Masse dunkel bis schwarz.

Ähnlich den komplementären Farben, wie auf meinem Bild. Wo die Pflanzen blau anstatt grün sind. Das Blau spiegelt darin das Wasser wider. Ist aber vermutlich nur zufallsbedingt. Oder auch nicht.

Oder, ein Gedankenexperiment: Wenn wir eines Tages soweit blicken können, dass die strahlenden Objekte so viele in der Weite des Raums ausmachen, dass sie zu einer weißen Masse verschmelzen. Die schwarze Leere ist zwar vorhanden, wird jedoch überstrahlt. Könnte logisch sein und bestätigt schlussfolgernd die Annahme des immerwährenden Vorhandenseins von allem. Vielleicht?

Die Schwarzen Löcher und die Quasare spielen eventuell die Rolle von immerwährender Umwandlung. Mag sein, dass die verbunden sind. Die Wissenschaft ist da dran.

Oder die von den Schwarzen Löchern in den Galaxien, in denen sie sich befinden, entnommene Materie wird für uns nicht sichtbar, beziehungsweise noch nicht nachweisbar, sprühnebelhaft mit hohem Druck wie aus einer Düse in alle Richtungen in den Raum abgestrahlt. Dafür könnte die immer schneller werdende Expansionsausdehnung der Galaxien sprechen. Aber zweifelhaft.

Es gibt mehrere Theorien. Hier meine und ich lehne mich damit als am wahrscheinlichsten angenommen, aus dem Fenster. Sie ist eine hypothetische Annahme.

Logisch richtig finde ich, dass viele Schwarze Löcher zu einem Hypermega-Schwerkraftobjekt zusammengeschmolzen sind. Haben alle Materie in ihrem Aktionsradius aufgesaugt, wodurch sich ein äußeres Vakuum ergibt, welches explosionsartig mit der Materiemasse des Objekts wieder gefüllt wird.

Diesen kurzen Moment zu beobachten und nachzuweisen wird sehr schwierig oder Zufall sein. Denn man müsste wissen wo und sehr lange dort hinschauen, bis die Explosion stattfindet.

Das ist/wäre ein lokaler Urknall.

So weit, so gut. Jetzt haben wir die Voraussetzungen für das immer schneller werdende Auseinanderdriften der Galaxien, von dem erfolgten Urknall.

Der Expansionsdruck treibt die entstandenen Galaxien immer weiter auseinander.

Weil mit der Aufnahme der Materie durch die Schwarzen Löcher der Raum drum herum immer leerer wird, nimmt auch die Schwerkraft dort ab und verringert einen vorhandenen Gegendruck, gegen den Expansionsdruck, sodass die Galaxien immer weiter zu den Schwarzen Löchern driften, bis sie alle von

Schwarzen Löchern aufgesogen wurden, die sich dann zu einem einzigen vereinen.

Das vermittelt auch den Eindruck, die Galaxien würden immer weiter auseinanderdriften und kein Ende finden.

Vieles ist erst immer Theorie. So auch das Reisen durch Wurmlöcher. Obiges widerspricht dieser Theorie.

Weil die Galaxien in unserem Universum immer noch mit hoher Geschwindigkeit auseinanderdriften, ist unseres, im Weltallgefüge vermutlich noch sehr jung.

Dr. MC SheekyB hat mal wieder seine eigene Logik kundzutun: „Die Galaxien verhalten sich wie ein Motor. Das Schwarze Loch darin ist der Energieansauger und der Quasar der Auspuff. Das dreht die Galaxie um sich selbst."
„Aber sicher. Ganz deiner Meinung. Hihi."

Daten- Informationsspeicher

Es wird angenommen, alle Informationen würden irgendwo, irgendwie im Universum gespeichert.

Sie müssen aber in einem System gehalten werden. Wenn das instabil wird und sich auflöst, verschwinden auch die Informationen.

Weil es da draußen keine Speichermöglichkeit gibt, wie wir sie uns mit unseren zur Verfügung stehenden Möglichkeiten geschaffen haben, werden die Infos dort permanent neu geschrieben.

Wie auf einem Endlosfilm, bleibt alles erhalten und kann von jeder Stelle des Films abgerufen und geändert werden. Jede Änderung ist dann ein Abzweig, wie von einem Stammbaum.

Sie sind sofort verfügbar, wenn sie gebraucht werden. Dabei spielt es keine Rolle, ob jemand nur daran denkt, oder damit arbeitet.

Im Prinzip ist jeder Gedanke oder Gebrauch bereits auch ein Speicher- und Löschvorgang.

Würden Informationen auf ewig irgendwo gespeichert, würde das bedeuten, sie befinden sich in einem wie auch immer gearteten Etwas, mit Grenzen. Daraus könnten sie aber niemals ohne eine Anforderung von außen entkommen und irgendeine Wirkung auf das Umfeld haben. Sie befänden sich praktisch in einem gekapselten Sarg.

Das wiederum bedeutet, es gäbe reale Grenzen. Aber die gibt es nicht. Trotzdem sind die Informationen vorhanden. Nach meinem Dafürhalten, weil io All alles möglich ist, ergibt sich daraus auch schon die Lösung.

Das ist zwar erst einmal schwer zu verstehen: Zum Beispiel die Formel $E = MC^2$, sie ergibt sich aus den Voraussetzungen des Umfelds.

Sie musste lediglich entdeckt und in eine für uns verständliche Sprache übersetzt werden.

Anders gesagt, was sich aus den umgebenden Voraussetzungen ergibt, sind die jeweils ab dem Bewegungspunkt gültigen Informationen, die sich aber immer wieder aus den Vorhandenen neu bilden. Sie benötigen demzufolge keinen Speicher, befinden sich in einem fortwährenden Neuschreib- und Löschprozess und sind in der gesamten Materie des Alls vorhanden.

Das ergibt sich auch aus meiner Erkenntnis, nach der Bewegungen in fortwährender Zukunftsrichtung die Informationen aus der Vergangenheit mitnehmen und Neue hinzufügen.

Daraus folgert, alles, was wir als neu entdecken oder erfinden, war schon immer und ist immer im All vorhanden. Dazu kommt noch, wir sind nicht allein. Da draußen sind noch andere und die sind noch viel länger dort, mit ihren Erkenntnissen.

Wie man das noch verständlicher formuliert, muss mal jemand anderes übernehmen, der auch die Problematik versteht. Auf den ganz kurzen Nenner gebracht: Alles war, ist und wird immer da sein. Ich lasse das so stehen.

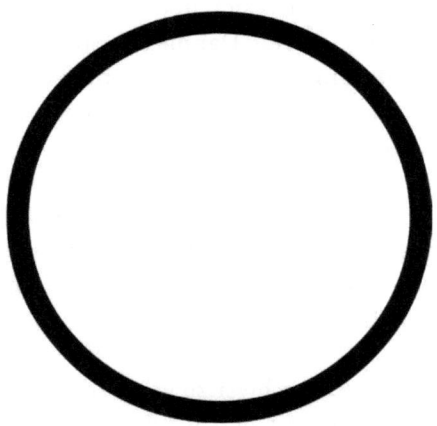

Ewig und Unendliche

Das Weltall ist ewig und unendlich.

Io enthalten Schwerkraft in Form aller denkbaren Materiemassen.

Sofern man von darin sprechen kann. Wie bereits weiter vorn gesagt, ist „darin" nicht ganz treffend. Aber in Anbetracht einer nicht besseren Beschreibung bleibe ich hier bei dem Begriff.

Die Schwerkraft respektive Materie und die „Antischwerkraft" sind die erzeugenden Beweger, oder anders gesagt, sorgen für die Bewegungen der Materien im Nichts.

Eine Weltformel lässt sich aus Schwerkraft und Nichts, mathematisch Null, nicht bilden. Oder man erfindet eine. Möglicherweise aber eine Konstante, wenn die Driftgeschwindigkeit, welche die Galaxien auseinandertreibt, messbar ist.

Entweder sie treiben mit einer expandierenden, einer konstanten, oder wechselnden Geschwindigkeit auseinander und die ließen sich ermitteln.

Aber eine solche Konstante ist nicht ewig gültig. Sie wird zwangsläufig von etwas darüber Hinausgehendem irgendwann abgelöst. Das bestätigt die Imperfektion von allem, welche die Bewegungen im Gang hält. Ohne Bewegung keine energetische, materielle oder wie auch immer geartete Existenz bis hin zu biologischem Leben.

Das All mathematisch mit einer Weltformel zu erklären, ist bis jetzt nicht gelungen. Dann könnte es logischerweise auch keinen solchen Beweis geben. Dass das doch der Fall ist und die Funktionalität der Kräfte erklärt, beweise ich im weiteren Verlauf. Das ist der Schlüssel zum bereits erwähnten Schloss und daraus ergibt sich die Lösung. Keine erfundene und die ist tatsächlich ewig und überall gültig.

Die Begriffe „ewig" und „unendlich" lassen sich auf einen reduzieren, weil beide schlussendlich das gleiche aussagen. Ewig ist gleichzeitig unendlich und umgekehrt. Sie sind austauschbar.

Was aber schon bei Schwerkraft und Null nicht mehr der Fall ist. Eine von beiden ist immer überlegen. Anderenfalls gäbe es keine Bewegungen.

Apropos Bewegungen: Jeder kennt es. Tage, an denen man das Gefühl hat, der Tag ginge nie zu Ende. Ich nenne sie Langsamtage. Kann es dafür Gründe geben? Ich behaupte ja. Warum? Bewegungen sind nicht konstant. Sie sind mal langsamer oder schneller, je nachdem wie die Bedingungen in ihrem Einflussbereich sind, oder in die sie sich hinein bewegt haben. Wo äußere Kräfte auf sie einwirken. Sie sind wellenförmig, von schnell zu langsam und zurück und so weiter, zwar nur geringfügig, aber spürbar.

Als Gegenpart Schnelltage, die auch jeder erlebt.

Jetzt haben wir also die Langsamtage und die Schnelltage.

Was wäre dann ein Normaltag? Den können nur wir selbst bestimmen, indem wir einen Durchschnittswert ermitteln, aus Langsam-, Schnell- und Gefühlttagen.

Nun gut, das ist etwas schräg, aber ich bin sicher, da ist was dran.

Dr. MC SheekyBs Einwurf:

„An einem Langsamtag darf man nur sehr schnell fliegen, weil, wenn man zu langsam fliegt, automatisch schnell fliegt. Aber Richtung Schwerkraft.

Übrigens, ein Normaltag ist Langsamtag plus Schnelltag geteilt durch zwei.

Ist nicht schnelle, aber helle." (Zum Nachdenken) Hihi.

Schwerkraft und Antischwerkraft

Die Wissenschaft kennt die Schwerkraft als alle Materie und Energie io Weltall. Sie sucht aber auch nach der sogenannten Antimaterie, oder Antienergie.

Es gibt vieles io All, was unlogisch, unmöglich, abwegig und paradox erscheint, aber bei genauem Hinsehen oder besseren Forschungsmöglichkeiten plötzlich Sinn ergibt.

Alles, was die Schwerkraft ausmacht, ob nun feste Materie, Gas oder Plasma und auch, wenn es sie denn gibt, Antimaterie, ist Materie und infolgedessen Schwerkraft.

Nach meinem Dafürhalten werden Sie keine Antimaterie finden. Weil, ob nun Materie oder Energie, sind beide Schwerkraft. Das ist nur logisch. Ob Teilchen oder Antiteilchen. Beides sind Teilchen und bilden Schwerkraft. Von dem wechselnd das Eine oder Andere schwerer ist und das bewirkt Bewegung der Materien.

Weil sich aber alles in dieser immerwährenden Bewegung befindet, wirken drei Kräfte. Die Schwerkraft als Ganzes und die unterschiedlichen Schwerkräfte der Einzelobjekte. Es handelt sich sogar um unendlich viele Schwerkräfte und die „Antischwerkraft" (Nichts). Wie das? Klingt erst einmal unlogisch.

Es gibt einen Widerspruch in meiner obigen Beschreibung, sie ist jedoch dem besseren Verständnis geschuldet.

Wenn Materie und Antimaterie gleich Materie ist, dann muss logischerweise Schwerkraft und Antischwerkraft gleich Schwerkraft sein.

Der Begriff Antischwerkraft steht hier stellvertretend für Null, ergo Nichts.

Die verschiedenen Materien und Energien, mit unterschiedlichen Massen, haben je nach Masse unterschiedliche Schwerkräfte. Energie ist auch Masse, bewegend in einem unendlich gigantischen Alles und Nichts. Diese haben unterschiedliche Auswirkungen untereinander. Elektrische Kräfte ziehen sich an oder stoßen sich ab.

Die Leere oder das Nichts, ist inaktiv. Sie ist die Gegenkraft, aber nur in Anwesenheit von Materie und die ist vorhanden. Sie wirkt wie ein Vakuum, das alle Materie in ewiger Bewegung hält. Dort wo sich ein relatives Vakuum bildet, wird sie mit der Schwerkraft aufgefüllt, wenn die Umgebungskräfte das nicht mehr verhindern können.

Das passiert über einen sehr, sehr langen Zeitraum, respektive Bewegungsablauf, bis ein Raum im Raum so wenig Materie enthält, die dann plötzlich wieder ausgeglichen wird.

Und das ist nach meinem Verständnis die logischste Logik überhaupt. Ich nenne sie Superlogik, wodurch auch alles einen Sinn ergibt. Die Wissenschaft sagt zwar, dass sich alles ins Nichts auflöst. Das wäre dann ein perfektes Vakuum. Es gibt jedoch a) keine Perfektion und b) wird jedes Vakuum gefüllt. Und das mit der Materie, die vorher schon da war. Unter Vorbehalt ist das dann der Urknall. Eher ein Urknall von vielen. Diese lokalen Urks (von mir erfundene Bezeichnung von Urknall-Mehrzahl) finden aber erst nach fast unendlich langen Zeiträumen statt, sodass es uns vorkommt, als hätte es nur einen gegeben, der alles erschaffen hat. Nach meiner Auffassung ist das ein Trugschluss.

Fazit: Die Leere, auch Nichts, ist die real passive Kraft und damit die stärkste Kraft, weil grenzen- und störlos. Materie als Schwerkraft, die aktive Kraft, aber eingeschränkt durch viele unterschiedliche Schwerkraftobjekte, die sich gegenseitig stören.

Das Nichts ist ohne jeglichen Widerstand. Das einzige Perpetuum mobile, das funktioniert, weil die Schwerkräfte keiner Gegenkraft ausgesetzt sind, welche die kinetische Energie aufhält. Der einzig ewig laufende Motor.

Dr. MC SheekyBs Antiteilchenlogik:
„Entweder es gibt viel von etwas, dann bewirkt es viel. Oder wenig, dann bewirkt es wenig. Oder nichts, dann bewirkt es nichts."
„Diese Logik ist einfach überwältigend! Man könnte auch sagen, es gibt nicht viel, aber dafür wenig." Hihi.

Gibt es ein Dauerchaos?

Nein. Ein Chaos entsteht nur in dem kurzen Moment, wenn ein Objekt ex- oder implodiert. Sofort beginnt die Ordnungsphase, auch wenn noch alles durcheinanderfliegt. Ein Dauerchaos könnte nur dann sein, wenn auch die Bewegungsabläufe permanent ihre Richtung ändern. Was aussieht, als wäre es ein Chaos, ist der Prozess zur Ordnung aufgrund der Schwerkräfte. Sie konzentrieren sofort die Materiemassen.

Würde es ein Chaos bleiben, bildeten sich keine Verklumpungen. Alle Teilchen blieben für sich und bewegten sich dauerhaft durcheinander. Das ergibt einen anderen Umkehrschluss: Es wäre etwas Ähnliches wie eine wabernde, undefinierbare Masse. Aber wabern ist Bewegung und daraus resultiert ein weiterer Umkehrschluss. Es würde auch bedeuten, es gäbe keine Teilchen, die miteinander verschmelzen können und zu unterschiedlichen Schwerkräften führen. Aber sie verschmelzen und das ist der Ordnungsprozess. Anderenfalls ergibt sich eine ewige Starre, im oder außerhalb von irgendwas. Jedoch alles ist in Bewegung und diese führt zu Zusammenstößen von Teilchen und größeren Verklumpungen

Vakuum, die Leere, mathematisch Null

Vakuum, diese wichtige Kraft lässt sich nur herstellen, wenn sie auf der Erde in einem geschlossenen Gefäß künstlich erzeugt wird.

Auf das All übertragen bedeutet das, weil es dort keine Grenzen gibt, ist es unmöglich, dass sich ein vollständiges Vakuum bildet.

Aber es kann sowieso kein absolutes Vakuum erzeugt werden. Es befindet sich immer etwas darin. Strahlung zum Beispiel, die durch das Vakuum, auch ein künstlich Erzeugtes fliegt.

Hypothetisch kann man sich das so vorstellen: Wenn im All ein vollständiges Vakuum erzeugt werden könnte, müsste aus der vorhandenen Materie eine Kugelhülle um einen inneren, leeren Raum geschaffen werden.

Umso vollständiger das Vakuum im Innern wird, desto dicker müsste die Hülle sein. Gleichzeitig wird der Raum des Vakuums im Innern immer kleiner. Schließlich befände sich alle Materie des Alls um den Raum. Der wäre aber keiner mehr, weil mit der letzten Materie der Raum vollständig geschlossen ist. Die Wanddicke beinhaltet die gesamte Materie des Alls. Im Innern wäre kein Platz mehr für ein Vakuum. Es ist dann eine geschlossene Kugel.

Und es geschieht etwas gleichzeitig. Umso mehr Materie aus dem All abgezogen wird, umso größer wird das Umgebungsvakuum. Der Raum wird immer leerer und vergrößert dadurch sein eigenes Vakuum. Dadurch entsteht eine gigantische Gegenkraft und wird die dann vorhandene Materiekugel auseinanderreißen und das Außenvakuum wieder füllen.

Ein All ohne Materie wäre kein Vakuum, sondern einfach nur ein Nichts. Nicht einmal das, es wäre eine Nichtexistenz.

Die Leere: Sie kann niemals verändert werden. Absolute Leere gibt es jedoch nicht. Sie ist bisher vollkommen außer Acht gelassen. Wie im Kapitel „Das Nichts – das 2." beschrieben. Mathematisch ist es Null.

Urknall? Mehrzahl Urks

Theoretisch vielleicht, praktisch aber unwahrscheinlich.

Oder ein bis an fast Null gebrachtes Vakuum, würde sich in sich selbst verschränken und Zwangsschwerkraft erzeugen.

Die beiden sich gegenseitig beeinflussenden Kräfte ergeben die Logik.

Logik 1: Die Schwerkraft wird stärker, konzentriert Materie lokal und vergrößert damit das um die Materiekonzentration befindliche Vakuum, respektive die Leere.

Logik 2: Das Vakuum, dass sich um das Schwerkraftobjekt gebildet hat, hat so viel zugenommen, dass es sich die verdichtete Materie nach einiger Zeit ex- oder implosionsartig zurückholt.

Festzuhalten ist, wie schon gesagt, es gibt kein absolutes Vakuum. Lediglich Ungleichgewichte, die sich immer wieder angleichen aber nur fast ausgleichen.

Die Funktionsweise ist ähnlich wie an der Börse. Langsam bauen sich die Kurse auf (Materiekonzentration), bis kein Kapital (äußere Vakuumverstärkung) für weiteren Aufbau mehr da ist. Dann crasht der Markt plötzlich und es geht sehr schnell abwärts. Das Kapital strömt zurück zu den Investoren oder anderen Anlagen. Das ist dann die Umwälzungsphase, die Neues schnell hervorbringt, während in der Aufbauphase die Umwälzungen langsamer, aber nachhaltiger vorankommen, stabiler sind und in der schnellen Phase nicht mehr Notwendiges fast ausgelöscht wird.

Anmerkung: Ein Crash kann sich auch treppenartig vollziehen, sodass er zu Anfang relativ unbemerkt bleibt.

Hypothetisch, als Singularität bezeichnet, ist daraus alles entstanden. Das sind dann die sich gegenseitig in Nichts aufgelösten Teilchen. Die aber vergrößern das Vakuum. Das zwingt die aufgelösten Teilchen dazu, wieder zu Teilchen zu werden und das entstandene Vakuum erneut zu füllen.

Das Vakuum ist dann die stärkste Kraft, bis sich die Kräfte relativ ausgleichen. Möglicherweise der Urknall. Ich bin aber nicht von einer alles umfassende Entstehung überzeugt. Siehe, kein absolutes Vakuum. Eher mehrere lokale Urks. Das wird möglicherweise später mal gelöst werden können.

Alles ist bereits seit ewigen Zeiten/Bewegungen vorhanden. Es gab niemals einen Anfang und es wird kein Ende geben.

Ich denke, ich bin näher dran, mit meinen Erkenntnissen.

In allen wissenschaftlichen Dokumentationen, die ich höre, sehe, oder lese, kommt meistens der Punkt, an dem man scheinbar nicht mehr so recht weiterweiß. Dann kommt immer der Urknall ins Spiel und aus dieser Urknallumklammerung scheint man einfach nicht herauszukommen. Es muss dabei zwanghaft immer ein Anfangs- und Endpunkt her.

Seit einiger Zeit werden einige neue Theorien veröffentlicht, die immer einen Anfangspunkt beinhalten. Zu sehen immer mal wieder in den bekannten Fernsehdokumentationen.

Kommentar von **Dr. MC SheekyB**:
„Urks sind Murks! Auch bekannt als Urmurks."
Seine überaus überzeugende und nachvollziehbare Urknalllogik. Hihi.

Im All

Wir sind es gewohnt, immer von einem „im All" zu sprechen.
Ich denke eine große Gefahr liegt in den Begriffen „im All".
Wovon die meisten ausgehen.
Im Universum wird passen, weil es etwas mit rationalen Grenzen ist. Das All aber hat keine und ich habe dafür den Begriff „inout", Kurzform „io" geschaffen.

Weitere Infos zu **Dr. MC SheekyBs,** Namen und Zusätze:
Das „Dr." für Doktor liegt vollständig im Dunkeln. Die unbekannte Uni konnte nicht ermittelt werden, welche den Titel vergeben hat. Auch sind die Unterlagen sehr unleserlich und verschwommen.

Für „MC" gibt es einen vagen Hinweis. Es ist bekannt, dass er mal über Schottland geflogen ist. Vermutlich ist ihm das dort versehentlich zugefügt worden. Wie auch immer.

Sein Nachname sollte ursprünglich „ABC" sein. Aber einige Namensgeber an einer anderen Uni, die für seriös angewandte Witzenschaft, waren unentschlossen. Dann einigte man sich auf die Mitte. Also „B".

Bitte keine Fragen zu Vogel „SheekyB". Das ist sinnlose Zeitverschwendung. Hihi.

Singularität u. a.

Wenn Singularität bedeutet, das Universum wäre aus dem Nichts entstanden, dann müssten die vorher enthaltenen Teilchen mathematisch eine gerade Zahl ergeben, damit sich alle Teilchen zu einem einzigen verbinden und gegenseitig auflösen. Es darf keines übrigbleiben. Falls ja, bleibt alles in Bewegung. Falls nein, müsste irgendetwas den Bewegungsprozess in Gang setzen. Aber wodurch sollte das passieren? Da ist nichts, es auszulösen, bis auf die inaktive Leere, respektive Kraft des Nichts.

Fakt ist, es würde nichts existieren und weil das Nichts keine Funktion hat, auch nichts passieren. Ein Ungleichgewicht muss vorhanden sein, damit Bewegung entsteht, und aufrechterhalten wird.

Die Planck-Zeit, ca. 10_{-43} Sekunden von wo aus sich das physikalische Universum gebildet haben soll, bedeutet, dass dort ein Grenzpunkt, der Anfangspunkt ist. Das passt mit Unendlichkeit nicht zusammen, weil die keine Grenze kennt. Es sind Theorien. Auch wenn die realen Beweise bis nahe an die Wahrheit kommen, bleibt die Unendlichkeit bestehen. Es geht weiter und weiter. Warum immer noch versucht wird, eine Erklärung für alles im Rahmen von Ergebnislösungen zu beweisen, ist für mich unverständlich.

Mathematische Ergebnisse mit einer aufgehenden Lösung, sind Grenz- oder Endlösungen, an denen es nicht weitergeht. Wir werden aber nie ein Ende erreichen oder einen Anfang finden.

Die aufbauenden Kräfte sind die Schwerkräfte. Es sind die zeitlich langen und langsamen Bewegungen. Gravierende Veränderungen finden plötzlich statt. Es ist die vernichtende Kraft der Leere, oder meinetwegen Antischwerkraft. Vernichtend ist nicht ganz richtig, weil nichts vernichtet, sondern neu gemischt und wieder geordnet wird. Im Grunde findet aber die Durchmischung fortlaufend statt.

Das ist wie vorstehend, vergleichbar mit den Börsen. Langsam geht es aufwärts, bis es plötzlich schnell abwärts geht. Es verändert sich lediglich der Inhalt. Verloren geht jedoch nichts.

An der Stelle findet die hauptsächliche Umwälzung und Veränderung durch einen plötzlich großen Schock statt.

Wie ich bereits oben beschrieben habe: Die Vorgänge an den Börsen.

Diesen groben Vergleich mit Börse und Kapital finde ich am besten, weil die Aktionen dort im Allgemeinen gut verstanden werden, und das lässt sich auf das All übertragen.

Warum eine Weltformel und wie könnte sie sein?

Ich habe das zufällig herausgefunden. Das war keine gezielte Suche.

Wie bereits beschrieben, dass das Etwas, das den Inhalt und die Bewegungen ausmacht, ist unumstößlich. Es ist eher als Codeschlüssel zu betrachten denn als Formel.

Von allen Wissenschaftlern, aber auch von allen, die es interessiert, nachprüfbar, mit immer dem gleichen Ergebnis.

Das ist die Voraussetzung, dass alles funktioniert, wie es funktioniert.

Ergo keine Formel, es sei denn, man erfindet eine, um Machtansprüche aufrecht zu erhalten.

Mathematisch erkläre ich das in einem eigenen Kapitel.

Folgendes gehört hier zwar nicht so recht hin, aber es erscheint mir wichtig an dieser Stelle.

Es gibt zu mindestens eine Frage, auf die es nur eine mögliche Antwort gibt. Unbequem und taucht fast nie in den Medien auf. Aber die Antwort darauf ist nun mal Fakt:

„Hat jemals jemand darum gebeten, oder gar verlangt, geboren zu werden?"

Die Antwort ist eindeutig nein. Wer darauf mit „Ja" antwortet, sollte das beweisen können.

Schlussendlich wird es, weil es sich nicht verneinen lässt, als Geschenk argumentiert. In der Wissenschaft nennt man das-, Schwachsinn. Das Geschenkargument dient lediglich dazu Unwissende in eine geistig Glaubensfalle zu locken.

Dieses Buch gibt genug Wissen, sich solchen Argumenten zu entziehen.

Auch wenn es gefühllos und ein bissiger Kommentar ist, aber es gibt Geschenke, die hätte der hypothetisch „Verschenkende" auch behalten sollen, denkt man an diverse Machthaber in der Vergangenheit und auch jetzt. Und manch einer würde sich gerne selbst zurückgeben oder wünschen es wäre nie geschehen.

Das wer trotzdem da ist, resultiert aus dem Zufallsprinzip und ist nicht steuerbar. Also kein Geschenk. Und dankbar muss erst recht niemand dafür sein, oder sich einreden lassen. Das dient nur Machtgierigen für ihre angebliche Existenzberechtigung.

Erkenntnisse

Alle Erkenntnisse, die gefunden wurden und noch werden, existieren bereits so lange das All existiert. Also ewig.

Sie wurden entdeckt und von den Entdeckern in unsere, für uns verständliche Sprache übersetzt. Sie waren und sind schon immer da.

Als Beispiel: Die Formel E = MC² wurde nicht erfunden. Sie wurde entdeckt. Was aber nicht die Leistung des Entdeckers schmälert. Ich weiß, was dazu notwendig ist. Darüber hinaus sind alle Entdeckungen und Erfindungen zufallsbedingt. Ganz gleich, ob eine plötzliche Eingebung oder gezielte Forschung. Das Resultat ist immer eine Zufallsentdeckung, die aber io All schon immer existent vorhanden war, ist und sein wird.

Mein Weltall

Es gibt in meinem Weltall keine sogenannte Schöpfung, denn das erzwingt die Frage: „Woraus wurde geschöpft?" Oder: „Was war davor, was war davor und davor usw., usw.?" Darauf gibt es nur eine Antwort: „Alles war schon immer da." Das hatten auch schon andere vor mir erkannt.

Das ist eine Korrektur zu dem „aus dem Nichts hervorgegangenem Universum". Die sogenannte Singularität, in der sich Teilchen gegenseitig vernichten, die mathematisch identische Zahlen ergeben müssten. Dann aber wieder einen Anschub für eine Neuerung bräuchten.

Jedoch ist das aufgrund von PIs unendlicher Nachkommazahlenreihe ausgeschlossen.
Das wiederum macht einen Urknall, aus dem alles entstanden sein soll, zum ad absurdum. Lediglich wäre ein Urknall ein lokales Ereignis und würde möglicherweise eine Galaxie erschaffen.
Vielleicht ein Universum, weil ich der Ansicht bin, dass da draußen noch weitaus größere Strukturen vorhanden sind, die wir aber mit unseren Möglichkeiten nicht erfassen können. All das sind Bestandteile des Alls.

Ein Schwarzes Loch hat einen sogenannten Ereignishorizont. Das ist der Übergangsbereich, von wo aus Licht nicht mehr zurückgespiegelt wird. Es wird vom Schwarzen Loch quasi verschluckt. Die Lichtteilchen springen hinein und sind plötzlich verschwunden.

Wenn Licht zurückgespiegelt wird und wir sehen können, was da ist, dann kommt es von Materie mit relativen Grenzen zurück, welche die Spiegelungen ermöglichen. Das bedeutet, ein Schwarzes Loch hat im Inneren keine Grenzen, nur den Ereignishorizont als Übergangszone.

Nach theoretischen Überlegungen gehe ich davon aus, dass es sich auch in der Weite so verhält. Dann ist ein schwarzes Loch eine Überdichtung, Licht wird geschluckt, und die Weite des Alls eine Überweitung. Licht verschwindet in der Weite.

Es ist erst einmal eine Theorie. Irgendwo sehr, sehr weit draußen expandiert die Materie schneller als das Licht. Das kann man sich so vorstellen: Die Materie flieht also vor dem Licht. Ist schneller als das Licht, sodass das Licht die Materie nicht mehr erreichen kann und dadurch keine Spiegelung mehr möglich ist. Das ist der Gegenpart zu Licht verschwindet in der Weite. Vielleicht geschieht sogar beides.

Man weiß, dass die Galaxien mit hoher Geschwindigkeit und immer schneller auseinanderdriften und nimmt an, sie kommen auch an einen sogenannten Ereignishorizont, in der Weite. Von dem aus ebenfalls kein Licht mehr zu uns dringt.

Diese Annahmen müssen hinterfragt werden. Sie bleiben erst einmal Spekulation.

In dem Zusammenhang zwingt sich mir ein Gedanke auf.

Die Urknalltheorie halte ich so, wie sie uns dargestellt wird, für nicht stattgefunden. Es werden auch relevante Informationen dazu entweder unbeabsichtigt nicht erwähnt, oder weil man auch keine Antwort darauf weiß.

Wenn es so wie es dargestellt wird, stattgefunden hat, dann muss auch erwähnt werden, von wo die Explosion oder Implosion, des angeblichen Urknalls, ausgegangen ist, wie ich im Kapitel „Hintergrundstrahlung" bereits beschrieben habe.

Das gilt auch für die Zeit, die ich an anderer Stelle lediglich als Messergebnis einer Uhr beschrieben habe, sowie für Vergangenheit, Gegenwart und Zukunft.

Wo befinden sich die Ausgangspunkte? Wenn schon von solchen Ereignissen die Rede ist, sollten sie lokalisiert sein. Sind sie nicht und sind auch unmöglich zu ermitteln. Auch das untermauert meine Ansicht.

Ich bin aber sicher, um die Urknalltheorie aufrecht zu erhalten, werden dafür immer irgendwelche Argumente erfunden. Weil manche unbedingt eine Schöpfung brauchen.

Wenn Licht in der Weite verschwinden kann und wir keine Spiegelung mehr erhalten, lässt sich allemal kein Endpunkt ermitteln, der uns den Urknallnachweis ermöglicht.

Wir forschen zwangsläufig vom Standpunkt Erde in Richtung von ihr weg. Oder von irgendwo aus unserem Sonnensystem, Galaxie, oder einem anderen, erdachten imaginären Punkt. So als ob dort die Ursprünge lägen. Aber alles, was von einem dieser Lokalitäten wegführt, ist Expansionsbereich.

Ich finde, die derzeitige Forschung diesbezüglich stimmt irgendwie nicht. Da sind Denkfehler in der Logik. Vielleicht fehlen mir aber lediglich Infos dazu. Ich kann mir nicht vorstellen, dass daran noch niemand gedacht hat und es Forschung in dieser Richtung gibt. (Nach Rückwärts können wir nicht forschen und so auch keinen Urknallursprung finden, wodurch auch die ewige Zukunftsbewegung bewiesen ist.)

Siehe auch meine Reihenfolge zu Anfang, die immer noch größere, und größere Strukturen beinhalten.

In meinem Weltall ist schon immer alles da gewesen.

Das Io befindet sich in immerwährender Umwandlung, sodass es niemals etwas genau Gleiches gibt.

Entweder befindet es sich an einem anderen Ort, im dreidimensionalen Gefüge, wenn auch noch so geringfügig daneben, oder einer anderen Stelle auf der Bewegungsablaufskala.

Etwas eigenartig hört sich der Begriff „Bewegungsablaufskala" an. Vielleicht ist Bewegungsweg verständlicher? Man kann es sich so vorstellen: Ein Maßband, mit einer Einteilungsskala wie ein Metermaß, das aus der unendlichen Vergangenheit kommt und in die unendliche Zukunft reicht. Und irgendwo auf dieser Skala hat ein Ereignis stattgefunden, oder findet statt.

Die Ungleichheit von allem ist Garant für die dauerhaften Bewegungen und Umwandlungen, die diese in Gang halten.

Damit ist es ein Widerspruch zu sich gegenseitig vernichtenden Teilchen. Die müssten exakt gleich strukturiert sein, sich an exakt dem gleichen Ort befinden und der Punkt auf der Bewegungsskala ebenso. Nur wenn alles bei zum Beispiel zwei Teilchen genau gleich ist, könnten sie sich gegenseitig vernichten. Damit aber noch nicht genug. Wenn es das jemals geben würde, wären zwei exakt gleiche Teilchen nur ein einzelnes Teilchen. Weiter gedacht wären dann alle im All vorhandenen Teilchen nur ein Teilchen, oder ein einziger starrer Materieblock. Oder etwas ganz anderes.

Ein alles erschaffender Urknall wäre eine Anfangsgrenze, die auch eine Endgrenze bedingt, weil die Materie des Urknalls begrenzt wäre und die Bewegungsenergie schlussendlich zur Neige geht.

Aber „unendlich" kennt keine Grenze. Damit ist ein Urknall nur auf einer lokalen Ebene möglich, aus den bereits Vorhandenen umgewandelt oder transformiert.

Der Beweis:
Die Endlosbewegungen und andere Örtlichkeiten der Materie sorgen bereits für Ungleichheit. Zum Beispiel wird ein identi-

sches Produkt hergestellt, so ist das nach dem Original Nachfolgende danach hergestellt. Also ein wenig nach dem Original und schon deswegen nicht mehr gleich, weil etwas später im Bewegungsablauf.
Werden mehrere Teile gleichzeitig hergestellt, werden sie zwangsläufig an verschiedenen Orten hergestellt. Ein Original kann nicht in sich selbst hergestellt werden.

Noch ein Beispiel: Vom Original abgenommen, werden Teile in mehrere Formen gegossen, die zwangsläufig voneinander getrennt sind. Dadurch befinden sie sich an unterschiedlichen Örtlichkeiten.
Auch ist die Zusammensetzung der Masse nicht exakt gleich.

Das mag nach Erbsenzählerei klingen, ist aber Fakt, selbst auf subatomarer Ebene, weil die Bewegung/en niemals enden. Die winzigste Veränderung hat Einfluss auf alles und kann dadurch riesige Veränderungen bewirken.

Dass sich die Galaxien immer weiter ausdehnen, was mit der Rotverschiebung nachgewiesen wird, hat vermutlich eine andere Ursache.
Das lässt sich mit meiner Erkenntnis beweisen. Es ist eine Einbahnstraße aus Vergangenheit in Richtung Zukunft. Und da ist der Denkfehler, den fast alle machen. Man denkt in Grenzen, wo keine sind und auch nie welche waren.
Womöglich wurde festgestellt, wo die Materie der Schwarzen Löcher wieder austritt. Wo und als was. Da ist genug Spielraum für Spekulation. Es könnten die Quasare sein. Vielleicht auch als überlichtschnelle fast Nullteilchenmasse, die aus den Schwarzen Löchern wie ein Sprühnebel wieder austritt. Und vielleicht erklärt das auch die immer weiterführende und schnellere Expansion der Galaxien. Vielleicht?
Nach neuesten Erkenntnissen scheint es, wie ich vermutete, ein Zusammenhang zwischen Schwarzen Löchern und Quasaren zu geben. Trotzdem bleiben große Zweifel und das ist gut so.

Zweifel auch an der von mir gedachten Sprühnebel-Theorie, die eher nicht funktioniert.

Ein Schwarzes Loch zieht Masse an, kann also logisch nicht in alle Richtungen Masse oder Energie abstrahlen. Lediglich die aus den beiden Polen austretenden Energiestrahlen werden ins All zurückgeworfen. Also keine nebelartige Emission.

Ich denke eher an eine immer weiter aufnehmende Materie durch das schwarze Loch, bis es irgendwann im- oder explodiert.

Klone

Wie im vorstehenden Abschnitt bereits erwähnt, gibt es nichts genau Gleiches.

Jedes Objekt io All ist einmalig und einzigartig. Und sei die Abweichung auch noch so winzig. Einen genau exakten Klon kann es nicht geben. Das ist Augenwischerei für die Masse, zwecks angsterzeugender Diskussionen.

Gleiches an der gleichen Stelle und zur gleichen Zeit geht nicht. Da ist schon etwas. Gleichzeitig ist das wieder ein Beweis, dass es niemals etwas genau Gleiches gibt.

Und sei es das Kleinste vom Kleinsten, oder Größte vom Größten.

Bestes Beispiel und Beweis: Schneeflocken. Wie viele Schneeflocken gibt es? Keiner weiß es, aber keine gleicht der anderen.

Es ergibt sich noch ein anderer Beweis, die Bewegungen betreffend. Weil die sich in einem Dauerprozess befinden, kommt niemals etwas Zurückliegendes zurück. Auch wenn sich viele das sehnlichst wünschen. Ich muss Sie mit dieser Beweisführung leider enttäuschen.

Vergangenheit, Gegenwart, Zukunftsrichtung

Ein kompliziertes Thema, vielleicht sogar das Komplizierteste und wird vermutlich zu vielen Trotzreaktionen provozieren. Da spielt uns unsere voreingenommene Geisteshaltung einen Streich. Aber die Schlussfolgerung lässt, so erstaunlich das auch ist, keinen anderen Schluss zu.

Wir leben ausschließlich in der Zukunft. Diese Aussage erstaunt und erschreckt. Aber meine Erklärung beweist auch das.
Alles, was wir wahrgenommen haben und wissen, ist Vergangenheit.
Gegenwart gibt es nicht. Gegenwart interpretieren wir zwar für einen variierenden Zeitraum als solche, aber sie ist nur eine gefühlte Orientierungshilfe.
Das ist sogar sehr einfach und nachvollziehbar erklärt. Jede Bewegung, die wir machen ist im gleichen Augenblick bereits Vergangenheit.
Die Gegenwart ist der Übergang von Vergangenheit in die Zukunft. Aber wo genau ist der Übergang? Wo ist der festzumachende Gegenwartspunkt?
Ist es jetzt? Nein. Jetzt ist lediglich eine gefühlt kürzere Spanne. Also wann ist jetzt? Jetzt war eben, ist schon vorbei.
Wir können ihn nicht festmachen, weil er dann bereits Vergangenheit ist. Lediglich eine Gegenwartsspanne erfinden. Aber eben nur als gefühlte Orientierungshilfe.

Das erklärt auch die bereits erwähnte Sprunghaftigkeit, im übertragenen Sinn. Wir springen direkt aus der Vergangenheit in die Zukunft. Genau genommen befinden wir uns immer in der Zukunft. Das hat leider den Nebeneffekt, die Zukunft nie vorher sagen zu können, weil wir immer schon drin sind. Vielleicht die zukünftige Zukunft in die wir uns stets bewegen.

Im Anflug **Dr. MC SheekyB**:
„Wusstest du ...“

„Nicht jetzt."

„Warum nicht? Was ist so wichtig?"

„Du störst erheblich den Leserhythmus der Leute. Die kommen aus dem Tritt."

„Die sollen nicht Musik mit dem Text machen, sondern lesen."

„Eben, mach dich fort."

„Ich bin weg und beleidigt. Das hast du jetzt davon."

Anstatt Hihi: Grrgrr.

Zukunft vor der Zukunft

Das, was wir aus Erfahrungen und dem Wissen aus Vergangenheit für in die Zukunft voraussehend annehmen oder projizieren, ist Spekulation. Und es handelt sich damit um Zukunftsspekulationen nach unserer jetzigen Zukunft. Ähnlich den Termingeschäften an den Börsen.

Gäbe es die reale Gegenwart, würden wir darin festsitzen und PI wäre nicht PI. Alles würde zum Stillstand kommen bzw. es hätte nie eine Bewegung stattgefunden.

Ergo leben wir mit unseren Erfahrungen aus der Vergangenheit ausschließlich in der Zukunft. Reale Gegenwart – wo ist sie? Es gibt sie nicht.

Gegenwart? Wer sie findet, hat sie augenblicklich wieder verloren.

Gleichzeitig ist Folgendes richtig, auch wenn es paradox erscheint. Wenn jemand sagt, er kommt aus der Zukunft, dann ist das genau so richtig, als wenn er sagt, er kommt aus der Vergangenheit.

Aber zu sagen er käme aus der zukünftigen Zukunft ist falsch, denn die kommt erst noch und ist nicht vorhersehbar. Oder doch? Möglicherweise in einem anderen Zusammenhang aber auch nur spekulativ.

Weil wir ausschließlich in der Zukunft leben, erneuert die damit einhergehende Bewegung unsere zukünftige Existenz.

Zeitreisen

Auch ein heikles Thema.

Es wird immer so dargestellt, als ob Zeitreisen real möglich wären, jedoch wird einiges weggelassen. Die Ausführungen beziehen sich in der Regel auf einige wissenschaftliche Arbeiten.

Es ist nicht möglich die übergeordneten, dauerhaften Änderungsbewegungen, die zukunftsgerichtet sind, zu überlisten. Jedenfalls real. Sie sind theoretisch, mathematisch und physikalisch möglich. Real steht aber unsere dreidimensionale Masse dem entgegen. Auch wirkt die gigantische Zukunftsbewegung dem entgegen. Die Bewegungsrichtung ist eine Einbahnstraße, die nur in Richtung zukünftige Zukunft führt. Zurück funktioniert nicht, aber auch nicht zu einem lokal erdachten Punkt in der zukünftigen Zukunft, denn dahin sind wir erst unterwegs.

Das macht Reisen in die Vergangenheit obsolet. Jegliche Bewegung müsste an einem Punkt auf der Bewegungsskala zum Stillstand kommen und von exakt dem Punkt aus muss sich dann alles, uneingeschränkt alles, genau gleich rückwärts bewegen. Von dem Stillstands Punkt aus, den es jedoch nicht gibt, weil wir direkt aus der Vergangenheit in die Zukunft springen. Es kommt somit keine Gegenwart vor, von der aus es rückwärtsgehen könnte. Denn das wäre der Punkt, von dem aus es rückwärtsgehen müsste. Wie ein Film, entweder vollständig rückwärts oder gar nicht. Hinzu kommt, dass die herrschenden Bewegungen zum Stillstand kommen und dann alles rückwärts irgendwie in Gang gesetzt werden muß.

Das gilt auch für Reisen in eine imaginäre Zukunft, vor unserer Zukunft. Es ist nicht möglich. Lediglich sind Zeitreisen möglich, wie von einigen Wissenschaftlern beschrieben und allgemein bekannt. Dort geht es aber um differenzierte Bewegungsabläufe beziehungsweise unterschiedliche Geschwindigkeitsabläufe, wie ich deren Zeitreisebegriff bezeichne.

Können Bewegungen also rückwärts erfolgen? Streng genommen können sie das nicht. Einmal im „Gang", geht es nur in eine Richtung. Auch dann, wenn auf subatomarer Ebene Teilchen gleichzeitig verschiedene Eigenschaften haben. Vorwärts und rückwärts springen. Von der gigantischen Riesenbewegung, die sich weiter ins Nichts fortsetzt, werden sie in deren Richtung als lokales, integriertes Etwas mitgerissen. Ihre Bewegungen finden also nur in ihrem subatomaren Bereich statt.

Das heißt, zum besseren Verständnis, springt ein Teilchen vorwärts, dann rückwärts, hat auch eine übergeordnete Bewegung stattgefunden, die ihre Grundbewegung beibehält, sodass rückwärts auch gleichzeitig vorwärts ist.

Ein anderes Beispiel: Sie gehen einige Schritte vorwärts, dann diese wieder exakt rückwärts. Währenddessen hat aber die Übergeordnete Bewegung, ihre Richtung nicht geändert. Wie die Erddrehung auf der sie gehen.

Das gilt auch für die vorwärts und rückwärts springenden Teilchen.

Zwischenruf:

Interessanten Variante von **Dr. MC SheekyB**:
„Versuchen Sie mal in einem schnell vorwärtsfahrenden Fahrzeug direkt in den Rückwärtsgang zu schalten. Garantiert fliegt Ihnen das Getriebe um die Ohren. Notfalls eigene Erfahrung machen." Hihi.

Zeitreisen sind zwar theoretisch, mathematisch und auch physikalisch möglich. Aber nur, wenn wir mit sehr hoher Geschwindigkeit von der Erde abreisen und später wieder zurückkehren. Es sind jedoch Bewegungsdifferenzen mit unterschiedlichen Geschwindigkeiten, gemessen als Zeit, die sich auf die Abläufe der Reise und der Bewegung der Erde beziehen.

Vor längerer Zeit habe ich mal eine gut verständliche Erklärung dazu gehört, kann mich leider nicht mehr daran erinnern, wann und wo.

Sobald eine mathematische Rechnung aufgeht und ein eindeutiges Ergebnis liefert, ist das eine Grenze, an der es nicht weitergeht. Ergo Stillstand. Die einfachste Rechnung, damit das mit den mathematischen Grenzen verständlich wird ist: 1 + 1 = 2. Zwei ist die Grenze. Da geht es nicht mehr weiter. Stillstand! Und wieder sind wir bei PIs unendlicher Nachkommazahlenreihe. Die geht immer weiter.

Ich überlasse die Zeitreisen der Fantasie von SciFi-Autoren und den Filmemachern.

Fantasie? Das Schaffen nur wir. Es gibt noch etwas, das nur wir können. Vorausgesetzt wir können uns an eine Szene aus der Vergangenheit detailliert erinnern, also in null Zeit wieder dort sein, aber nur im Gedächtnis, wenn jemand ein sehr gutes Erinnerungsvermögen hat.

Real in eine Zeit zurückzureisen ist nicht möglich. So sehr sich das auch viele wünschen, um ihre jetzige Situation geändert zu haben. Das wird nichts.

Und noch ein eindeutiger Beweis, mit dem sich Zeitreisen als unmöglich erweisen.

Angenommen man möchte in der Zeit zurückreisen. Welche Zeit müsste eingestellte werden, zu der es zurück gehen soll?

In Filmen wird nie ein korrektes Datum gewählt, denn ein einfaches Datum reicht nicht. Es muss bis in die unendlich kleinste Einheit zurückgegangen werden. Aber woher stammt die und wie kann man sie ermitteln?

Sie stammt von einer Zeitskala, die wir an einem Punkt haben beginnen lassen. Es ist eine von uns willkürlich erfundene Skala, die wir aufgrund von Bewegungsabläufen erstellt haben. Diese halten wir fortlaufend mit unseren Uhren fest. Wenn wir tatsächlich einen realen Punkt in der Vergangenheit wählen wollen, dann müssten wir den exakten Beginn aller Bewegungen kennen und von dort aus den ebenso exakt zurückliegenden Bewegungspunkt herausfinden, zu dem wir reisen wollen.

Wie aber wollen wir einen Anfangspunkt finden, wenn das All ewig und unendlich ist? Wenn alle Bewegungen, Endlosbewegungen sind, ausschließlich in die Zukunft gerichtet? Dann gibt es keinen solchen Punkt, den wir finden können. Und weiter, der Zeitpunkt müsste so exakt perfekt sein, auf den kleinsten nur vorstellbaren Punkt gestellt. Aber selbst der wäre noch nicht exakt genug.

Die Bewegungen sind real, aber ein Zeitpunkt ist irreal. Wir müssten also zu einer Irrealität reisen. Reales müsste dann zwangsläufig irreal werden.

Und wie schon beschrieben, wir springen aus der Vergangenheit über die Gegenwart und befinden uns immer in der Zukunft. Dann müsste man den exakten Übersprungspunkt kennen.

Das beweist eindeutig: Zeit ist ein von uns erfundenes, aber notwendiges Werkzeug. Nichts weiter.

Das heißt auch, zu mindestens wissenschaftlich, Reisen in die Vergangenheit, aber auch in die zukünftige Zukunft, sind absoluter Schwachsinn. Sie erinnern sich: Wir leben in der Zukunft und bewegen uns in unsere zukünftige Zukunft.

Welchen Zukunftspunkt müssen wir festlegen, zu dem wir reisen wollen? Mit unserem selbst erfundenen Datumssystem? Wie soll das gehen? Ein Punkt auf der Bewegungsskala in eine imaginäre zukünftige Zukunft müsste genau so exakt, bis auf den winzigsten Punkt angegeben werden. Aber Respekt für Leute mit viel Fantasie und Filmemacher die, die Leute an der Nase herumführen.

Und ein weiteres Fazit lässt sich daraus folgern: Es kommt nie wieder etwas zurück und wenn doch, dann wird, oder wie man hofft, es könnte etwas wiederkommen, es nie so sein wie zuvor. Das kann positiv oder negativ bedeuten und ist Ansichtssache. Aber Hoffnung stirbt nicht zuletzt, sondern nie, sodass immer alles weitergeht, und auf uns Menschen übertragen ist es wichtig für eine ausgeglichene Psyche.

Daraus folgert:

1. Reisen zu einem Bewegungspunkt in der Vergangenheit ist aufgrund der in die Zukunft gerichteten Basisbewegungen io All nicht möglich.
2. In die Zukunft vor unserer Zukunft zu reisen, ist nur spekulativ aber nicht real möglich, weil die Zukunft vor unserer Zukunft erst noch kommt. Wir können also nicht bereits dort sein, bevor wir dort sind.
3. Zukunfts- und Vergangenheitsreisen, als Zeitreisen bezeichnet, sind Reisen aufgrund unterschiedlicher Geschwindigkeitsabläufe, die sich aus der Reisegeschwindigkeit und der konstanten Geschwindigkeit der Lichtgeschwindigkeit und den Bewegungen der Planeten und Galaxien, also aus den unterschiedlichen Materialien und daraus resultierenden Schwerkräften ergeben. Nicht jedoch reale Reisen in die Vergangenheit oder Zukunft vor unserer Zukunft.

Dann gibt es noch die, die mit allen Mitteln Zeitreisen beweisen wollen. Mal davon abgesehen, dass wir biologisch niemals in eine andere Zeit reisen könnten. Möglich wäre, unter Vorbehalt nur unser Bewusstseinsinhalt, wenn er erhalten bliebe.

Man sagt: Galileos Wissen und seine Ideen stammen aus der Zukunft. Sie stammen nicht aus der Zukunft, sondern aus der Vergangenheit. Hierzu meine Ausführungen zu seinen Ideen: „Frequenzübertragungen." Über das All sind es Funkwellen oder etwas, das wir noch nicht kennen, aber empfangen können. Und es gibt Menschen, wie Galileo, Leonardo Da Vinci, dem Apple-Gründer Steve Jobs, Nikola Tesla, Albert Einstein, unter Vorbehalt Bill Gates, Elon Musk und einige andere. Sie sind in der Lage, oder gewesen, wie das auch immer geschehen mag, Informationen aus der Vergangenheit zu empfangen und umzusetzen. Dazu meine Ausführungen zu: „Wir leben ausschließlich in der Zukunft." Ergo können wir nur Informationen aus der Vergangenheit bekommen. Dazu auch mein Kapitel „Flutung".

Dieses Vergangenheitswissen resultiert aus Dingen, die bereits einmal irgendwann, irgendwo existierten, noch existieren und einigen wenigen unter uns „übermittelt" werden, oder die in der Lage sind dieses Wissen zu empfangen, zu kombinieren und umzusetzen. Es wird uns aber als Wissen aus der zukünftigen Zukunft vermittelt. Das stimmt nicht. Die kommt erst noch und es ist erst dann etwas dort, wenn es, nachdem wir dort sind, in die Vergangenheit integriert ist. Danach haben wir Zugriff darauf und können es übernehmen oder modifizieren. Das gilt auch für außerirdische Wesen. Sie stammen aus der Vergangenheit.

Warum versucht man Zeitreisen und andere Dinge zu beweisen, auch wenn die für uns abwegig und irreal sind? Es funktioniert nur auf subatomarer Ebene. Dort, wo Teilchen verschiedene Zustände gleichzeitig annehmen, oder sein können.

Damit lassen sich Naive an der Nase herumführen und ist ein diffiziler Teil von Kontrolle und Macht.

Wie sagt man, wenn etwas partout keinen Sinn ergibt: „Verfolge den Weg des Geldes." Das kann mit „Verfolge die Gier nach Macht" erweitert werden. Denn darum geht es. Kontrolle, Manipulation, Machtanmaßung und Machterhaltung, mit allen Mitteln.

Nehmen wir nur mal das Nirwana, wie es in Indien als der beste aller Zustände angesehen wird. Weil das erstrebenswert ist, fällt die Angst davor weg. Damit die Macht aber weiterhin ausgeübt werden kann, erfindet man Wiedergeburt. Bei Verfehlungen diesseits als hässliche Tiere, und sie glauben auch noch daran. Realistisch ist das der absolute Schwachsinn. Das Nirwana hat den Vorteil, man ist nichts mehr, spürt nichts mehr und befindet sich in absoluter Ruhe.

Alles Reale ist auch gleichzeitig Vergangenheit, stammt von dort und bringt neue Voraussetzungen mit sich, die Lücken bilden, die wiederum gefüllt werden, usw. Gleichzeitig befindet sich real in der Vergangenheit, was eben gefüllt wurde und steht für weitere Voraussetzungen zur Verfügung. Eine weitere Beweislogik der immerwährenden Veränderungen.

Dieses Kapitel kann sicherlich noch besser ausgebaut werden. Schlägt aber den einen oder anderen sicherlich gehörig auf Magen, speziell wer fanatisch religiös ist.

Gefaltete Universen

Sie sollen „Reisen" von einem Ort zu einem anderen, sehr weit entfernten, in kürzester Zeit möglich machen, indem durch ein sogenanntes Wurmloch gereist wird.

Wenn es gefaltete Universen geben sollte, wie viele müssten dann neben-, über- und ineinander gestapelt sen, um das Nichts zu füllen? Es müssten unendlich viele sein.

Um nur eine Vorstellung davon zu bekommen: Stellen Sie sich ein Stapel Papier vor, der unendlich groß ist.

Nehmen Sie von dem Stapel bis auf ein einziges Blatt alle weg. Sie sehen das Blatt nun von der Seite als schmalen Strich. Einerseits sehen Sie dann den Strich, der das 2D-Universum darstellen soll. Wenn es tatsächlich 2D wäre, würden Sie aber nicht einmal von der Seite etwas sehen.

Nächste Frage, die sich aufdrängt: Was ist zu beiden Seiten des Strichs/Blattes? Da ist nichts. Der leere Raum. Oder ...?

Es gibt keinen leeren Raum. Aus dem Grunde müssen nun alle 2D-Universen wieder als Stapel gelegt sein, und schon haben wir wieder 3D.

Die Stapel liegen auf- und oder nebeneinander, aber auch ineinander. Das Einzeluniversum wäre dann zwingend ein zweidimensionales Objekt, das zwischen anderen zweidimensionalen läge. Ob nun gefaltet oder als Einzelobjekte.

Wie soll sich das aber in unserer dreidimensionalen Realität darstellen?

Wie will man dreidimensionale Universen stapeln? Das geht nicht.

Es bleibt Fantasie. Und weitergedacht, die auf- neben- und ineinander liegenden Universen ergäben zwangsläufig eine 3D-Struktur. Ergo 3D oder nichts. Nichts geht auch nicht, weil überall Materie ist, und wieder sind wir bei 3D.

Flache Universen

Wäre zwingend auch zweidimensional. Wie sollen darin 3D-Objekte existieren? Ich halte die 2D-Universen-Theorie für Schwachsinn.

Weil 2D nur auf einem 3D-Träger darstellbar ist, ist 2D weg, wenn man den Träger entfernt.

Was mir dazu einfällt, ist der gordische Knoten. Irgendwie ineinander gestapelte 3D-Universen. Das ergäbe einigermaßen Sinn, aber wohl nicht real.

Wie die Galaxien als Beispiel, drehen sich diese um einen Mittelpunkt und wirken dadurch flach. Sie haben aber trotz allem 3D-Materievolumen. Weil dieses 3D-Volumen in unserem Universum ist, ist es logischerweise auch 3D.

Ob nun 2D oder 3D, dann bleibt immer die Frage: Was ist jenseits davon? Für mich ist es das Nichts und die daraus resultierend, passive Kraft.

Nun lassen sich scheinbare 2D-Objekte auf Monitoren aussehend als 2D darstellen. Aber das geht ohne Energie nicht. Energie, respektive Energieteilchen sind dort die Träger für die 2D-Darstellungen.

Reisen durch schwarze Löcher

An anderer Stelle habe ich erklärt, was passiert, wenn Masse/Materie in Schwarze Löcher gezogen wird? Sie transformiert in einen anderen Zustand. Vielleicht zu beschreiben wie Wasser, welches den Aggregatzustand bei wechselnden Temperaturen in Eis oder Gas/Dampf ändert, ändert die immense Schwerkraft die eingesaugte Materie in einen für uns nicht mehr vorstellbaren Zustand. Der Zustand ändert sich nicht durch Temperaturänderung, sondern durch Schwerkraftänderung. In beiden Fällen sind die Übergänge fließend, bis zum sogenannten Ereignishorizont. Dann ändert sich der Zustand sprunghaft.

Eine Annahme: Es vereinigt Materie mit Licht, bzw. sie werden miteinander verschmolzen. Oder man stellt sich theoretisch vor, das Schwarze Loch ist das Ei und das Licht der Samen. Und irgendwann nach Jahrmilliarden, oder -billionen geschieht eine Geburt. Das wäre auch eine Reise, im übertragenen Sinn. Aber vermutlich wird die Verschmelzung durch einen uns noch nicht vorstellbaren Vorgang wieder aufgehoben und als Materie und Licht abgestrahlt.

Reisen im All, technisch und biologisch

Aus meiner Sichtweise:

Es geht darum, unsere Gene weiterzutragen. Dazu wird auch eine vollständig andere Finanzierung notwendig sein. Vermutlich aber eine noch ganz andere Art und Weise, das zu realisieren.

Ganz zu schweigen von dem gigantischen Materie- und Energieaufwand, die für solche Reisen notwendig sind, ergeben sich immer neue und andere Situationen, in die die Reisenden geraten. Diese müssen gemeistert werden und erfordern einen enormen Anteil an erfahrenen Spezialisten und Improvisatoren.

Um unser biologisches System aufrecht zu erhalten, ist es erforderlich, immer wieder auf Planeten zu landen und diese mit frischen Vorräten zu erneuern.

Auch wenn alles in den Raumschiffen recycelt wird, kommt es zu Nährstoffenergieschwund, der von den biologischen Körpern verbraucht wird und in den Schiffen nicht wieder reproduzierbar ist. Darum muss das extern wieder aufgefüllt werden. Darüber hinaus ist es eine Reise ohne Wiederkehr. Jedenfalls mit unseren derzeitigen, biologischen Körpern.

Möglichkeiten real vs. Theoretisch

Virtuelle Welten, Zeitreisen, gefaltete Universen, flaches Universum, Reisen durch Schwarze Löcher, unsere technischen und biologischen Möglichkeiten io All zu reisen

Virtuelle Welten

Das Internet, die anschließenden Metaversen und was da noch kommen mag. Künstliche Intelligenz (KI) ist auch schon aus den Kinderschuhen. Deren Grundlagen, abgesehen von der notwendigen Hardware, ist Energie.

Wie entsteht ein Schwerkraftobjekt?

Weil ich mit der Urknalltheorie, die alles „erschaffen" haben soll, hadere, favorisiere ich lokale Entstehungen aus vorhandener, hoch verdichteter Materie, die in ein relatives Vakuum hinein explodiert und expandiert. Ob das tatsächlich so passiert, muss offenbleiben.

Eine perfekte Explosion wäre, wenn alles gleichmäßig in alle Richtungen auseinanderfliegt. Dann könnte aber kein Schwerkraftobjekt entstehen. Die Masse ergäbe eine Art gleichmäßige, ewig expandierende Suppe mit Teilchen, die alle exakt die gleiche Schwerkraft haben, aber wegen ihrer ewigen Expansion zwangsläufig immer kleiner werden, bis sie bei null ankämen, von wo sie angeblich gekommen sind.

Dann muss man sich die Frage stellen: „Was hat die Explosion ausgelöst, einerseits und kann es unter den Bedingungen eine Explosion gegeben haben?" Die Antwort ist: „Nein!" Wenn alles gleich ist, gibt es keine Bewegungsenergie, die das bewirken könnte.

Aber die Materie fliegt mit unterschiedlich großen Objekten/Teilchen auseinander. Einerseits in das nicht vollständige Vakuum, welches ein wenig Druck gegen den Explosionsdruck ausübt. Es gibt ja kein absolutes Vakuum und damit ist ein wenig Materie als Gegendruck enthalten. Andererseits enthält die explodierende Masse unterschiedlich dichte und schwere Massen. Die sorgen dafür, dass unterschiedlich große Objekte herausgeschleudert und gebildet werden, deren Schwerkräfte unterschiedlich sind, sich verbinden und wieder neuformieren.

Die schwersten ziehen die kleineren Körper an und es entstehen die ersten Masseklumpen, die sich im weiteren Verlauf zu den Schwerkraftobjekten ausbilden, die wir kennen.

Es gibt möglicherweise auch die Umwandlungen über die Schwarzen Löcher und die Quasare. Die Wissenschaft ist auf der Spur und ich bin gespannt, was sie herausbekommen wird. Es gibt ganz sicher auch andere Möglichkeiten, die wir noch nicht kennen. Eine beschreibe ich noch im Verlauf. Das ist mein Favorit.

Gibt es einen absolut perfekten Kreis?

Nein, aber warum?

Das beweist die Kreiszahl PI. Sie ist mit ihrer Nachkommastelle unendlich. Demnach dürfte es eigentlich keinen geschlossenen Kreis geben, wenn nicht ...?

In der Natur gibt es keinen 2D-Kreis. Wenn aber theoretisch ein solcher entstehen könnte, dann muss an irgendeiner in die Unendlichkeit reichende Nachkommastelle diese unterbrochen werden, und an die erste Nachkommastelle oder eine vorhergehende Zahlenstelle ankoppeln. Im ersten Fall wäre es ein Kreis (O), im zweiten ein Kreis mit Anhängsel (Q).

Der Kreis wird umso perfekter, umso größer er ist, also umso weiter die Nachkommastelle reicht. Soweit zur 2D-Theorie.

Aber weil ein 2D-Gebilde nicht real ist, funktioniert das zwingend nur mit einer dritten Dimension.

Die 2D-Formel beschreibt lediglich eine imaginäre, auf einem 3D-Material befindliche Kreisfläche.

Die 3. Dimension ist die, die Bewegung und das notwendige Volumen zulässt, sodass ein Kreis geschlossen werden könnte. Dann aber handelt es sich nicht mehr um einen Kreis, sondern es ist eine Kugel. Wenn sich ein Q bildet, wird es mit der Zeit aufgrund der Drehbewegung, der daraus resultierende Magnetismus und der Umgebungskräfte zu einer relativ runden Kugel verformt.

Wenn es aber ein angenommener, geschlossener Kreis werden soll, muss logischerweise die erste Nachkommastelle 1 und die weiter entfernte Nachkommastelle an die erste ankoppeln. Also z.B. 1 an ... 8. Die 8 muss sich mit der 1 verbinden. Und das passiert durch den Magnetismus, weil die Ankopplung plötzlich sprunghaft geschieht und zusammenschnappt.

Die 1 und die 8 sind die Pole, die sich gegenseitig anziehen. Kommen sie sich nahe, schnappen sie zusammen. Dieser Absatz ist nur ein Beispiel, weil es keinen realen Kreis geben kann, siehe 2D, und da für die Volumenberechnung auch PI gebraucht wird.

Die Praxis ist aber 3D und dadurch gerät Bewegung in die Sache. Jetzt bildet sich kein Kreis, sondern eine Kugel. Der Vorgang ist im Prinzip der gleiche wie bei 2D beschrieben, wird aber mit einer erweiterten Formel berechnet. Auch dafür muss die unendliche Nachkommastelle unterbrochen werden, damit eine Kugel entsteht. Weil Bewegung vorhanden ist, ist auch Magnetismus vorhanden und führt zur Kopplung.

Diese vorstehenden Absätze zu dem Thema sind nicht einfach zu verstehen. Denken Sie sich hinein, aber verbeißen Sie sich nicht darin.

Das veranlasst **Dr. MC SheekyB** zu dieser Bemerkung: „Sich in etwas geistig zu verbeißen, ergibt extreme Gehirnverklemmung."

„Musst du mal wieder dazwischen quatschen?!? Schau in dein Gehirn. Was da wohl so alles klemmt?" Mehr Fragezeichen mit einem Erkenntniszeichen!

Die unendliche Nachkommazahl lässt, in Interaktion mit dem Vakuum, eine sich drehende 3D-Spirale entstehen, ähnlich einem Wirbelsturm, der sich unendlich weiterdrehen könnte, wären da nicht die Umgebungskräfte, die der Bewegungsenergie entgegenstehen. Durch die Drehbewegung entsteht der Magnetismus. Dieser sorgt für die Unterbrechung und Kopplung an eine vorhergehende Nachkommastelle. Dadurch wird die Kugel geschlossen – ob nun eine vollständige Kugel oder eine Kugel mit Anhängsel, respektive Beule. Aber sie sind niemals perfekt, denn dann würden die Bewegung bzw. die Bewegungen zum Stillstand kommen.

Zwar streben die Kräfte das Perfekte an, aber das verhindert PI.

Die Unendlichkeit von PI bewirkt die ewige Bewegung, weil sie ein Ungleichgewicht hervorruft, was wiederum alles in Bewegung hält.

Die Drehbewegung wird durch die Umgebungsschwerkräfte kontinuierlich verlangsamt und ihre kinetische Energie endet schließlich irgendwann. Aber es entsteht irgendwo anderes wieder neu und damit bleibt weiterhin alles in Bewegung.

Wenn eine Kugel vollkommen geschlossen ist, ist an der Stelle die Unendlichkeit von PI abgebrochen. Die Enden bzw. die Unterbrechungszahl koppelt an einer vorhergehenden, oder in der Regel der Nachkommastellenanfangszahl an. Damit ist ein Objekt entstanden, welches endlich ist und irgendwann wieder vergeht.
Wenn die Kugel geschlossen ist, ist auch ihre Schwerkraft vorhanden.

Der Vollständigkeit halber: Kleine Objekte, die im All umherfliegen, besitzen nicht genug Schwerkraft. Erst, wenn sie ein bestimmtes Massevolumen überschreiten, ziehen sie andere Materie an. Ihr Druck im Innern bewirkt, dass die äußere Masse in Bewegung gerät (u. a. Tektonische Bewegung). Das setzt sich, je nach Umgebungsmassen weiter fort.
Ist jedoch das Massevolumen zu Anfang sehr klein, zieht immer das schwerste Teilchen die leichten Teilchen an, bis daraus riesige Körper entstanden sind.

Quintessenz: Mit PI lassen sich zwar Kreise und Kugeln berechnen, aber eigentlich ergibt sich eine Spirale, wie mit den Spiralgalaxien unter anderem bewiesen wurde. Würde es nur eine einzige Spiralgalaxie geben, würden ihre Arme ins Unendliche reichen. Aber weil es noch andere gibt, die untereinander agieren, enden die Spiralarme in der Nähe des Einflussbereichs einer anderen Galaxie. Selbst dann, wenn dazwischen aufgrund der Kräfte sehr viel Leerraum ist und die Masse der Galaxie nicht ausreicht zu weiterer Ausdehnung.

Die unterschiedlichen Materiemassen haben unterschiedliche Schwerkräfte. Die wirken, wenn sie nicht von anderen Schwerkraftmassen daran gehindert werden, mit ungehinderter Kraft über alle Weiten. Sie werden aber von vielen anderen Objekten daran gehindert und ihre Schwerkräfte durchmischen sich. So wie auch Galaxien, wenn sie zusammenstoßen, ihre Sternen- und Gasmassen sich durchmischen.

Anders erklärt: Wenn es nur ein einzelnes Schwerkraftobjekt im Nichts gäbe, dann ist die Kraft über alle Entfernungen gleich stark. Es wird sich detaillierter verhalten und die Ablaufzeiträume können sehr kurz und sehr lang sein.

Geschwindigkeiten

Abgesehen von unendlich vielen, kennen wir zwei Hauptgeschwindigkeiten. Davon können wir nur eine nutzen. Die Lichtgeschwindigkeit, die wir als unsere reale Geschwindigkeit zu allen Messzwecken und Berechnungen verwenden.

Die Zweite ist die Geschwindigkeit, die die Lichtgeschwindigkeit nicht mehr aus einem Schwarzen Loch entkommen lässt. Das bedeutet folgerichtig, die Geschwindigkeiten in einem Schwarzen Loch sind größer als die Lichtgeschwindigkeit. Man geht zwar davon aus, es handelt sich um hoch verdichtete Materie, die relativ starr sein könnte. Das wiederum bedeutet, dort drin bewegt sich nichts und es wird alles festgehalten. Das kann aber nicht sein, denn dann würde das Schwarze Loch keine weitere Materie aufnehmen und es widerspricht der Schwerkraft, die immer mehr anzieht, was ohne Bewegung nicht geht. Auch dort befindet sich alles in Bewegung, jedoch mit wesentlich höheren Geschwindigkeiten. Auch im Innern. Die heraustretenden Jetstrahlen beweisen, dass dort kein Stillstand herrscht.

Aber könnte es noch eine dritte Geschwindigkeitsvariante geben? Das ist möglich, wie bereits unter Vakuum, Leere und Null in anderem Zusammenhang beschrieben.

Es ist das Nichts. Es enthält keinerlei Widerstand. Gäbe es keine Materie darin, könnte man ohne Zeitverlust an jedem Ort sein. Dies aber hat real nichts mit Geschwindigkeit zu tun, denn die muss man messen können.

Aber da ist die Materie, die in Interaktion mit den verschiedenen Schwerkräften für ihre unterschiedlichen, von superschnellen bis fast unbeweglichen Geschwindigkeiten sorgen, welche sich bis zu einem gewissen Grad, mit unseren Möglichkeiten, messen lassen.

Warnung an **Dr. MC SheekyB**:

„Wenn du so ganz allein im Nichts unterwegs bist, sieh dich vor, das könnte zu einem exorbitanten Geschwindigkeitsrausch werden. Aber wehe da ist noch jemand und ihr trefft voll Speed zusammen!"

An dieser Stelle Lachen für später aufbewahren.

Jetzt zu OPI

OPI ist alt, unendlich alt.

Es gibt die Meinung, dass das All mathematisch nicht vollständig erklärbar ist.

Nach meiner Erkenntnis stimmt das nicht. Es ist sehr wohl mit der Mathematik alles erklärbar, oder sogar ausschließlich.

Im Folgenden lesen Sie meine Lösung des Rätsels und wie gesagt, es ist mein Weltall, da muss nicht alles richtig sein. Oder doch?

Die Reaktionen darauf werden erst einmal nicht positiv sein. Notorische und Trotzskeptiker schießen sofort dagegen. Etwas, das man noch nicht kennt, wenn es neu, anders und schwer zu verstehen ist, kann nicht richtig sein und muss torpediert werden. Nicht zu vergessen: die paranoide Angst vor Neuem. Die Psychologie ist bekannt.

Darüber hinaus könnten die Schlussfolgerungen vielen nicht genehm sein. Weiter sind selbstverständlich Neider nicht begeistert, weil sie es nicht waren, die sich damit brüsten können. Die psychologischen Reaktionen der Menschen vorauszusehen und ihre Gedanken zu lesen, ist nicht schwer. Zumal sie überwiegend zu denen gehören, die „am Alten festhalten". Sich neu zu orientieren macht Angst. Aber was soll's.

Interpretation:

Es geht in dieser Erklärung nicht um die Berechnungsformel eines Kreisinhaltes oder Kugelvolumens.

OPI ist die von mir erweiterte Kreiszahl PI, mit vorangestellter Null, stehend für Nichts. P für die 3 Dimensionen und, 141592653589793 ... als Metapher für Materie. Kurz NDM für: Nichts + Dimensionen + Materie. Die mathematisch Variante in Zahlen: $0 + 3 +,141592653589793\infty + 0$

Symbolisch: $0 + P + I\infty$, kurz: OPI.

Real: N + D + M

Angenommen: M fällt ins N, N ist unendlich und dadurch kann sich M in alle Dimensionsrichtungen ebenso unendlich ausdehnen. Dadurch bleiben die ewigen Bewegungen im Gang.

OPI und NDM sind stellvertretend die Kurzformen. Vollständig ist es OPIO© oder NDMN, die erweiterte Kurzform. Die Null dahinter ist die in die expandierende Unendlichkeit, die davor aus ihr kommend. Null und Nichts sind gleich. Damit wird auch das io All verständlich.

Das Nichts ist das unendlich Größte und lässt sich logischerweise nicht weiter vergrößern. P, stehend für die 3 Dimensionen und dehnen sich in dem gleichen Masse aus.

Die Nachkommastelle für Materie stehend, ist im Verhältnis sehr klein. Auf den ersten Blick. Aber tatsächlich ist sie unendlich groß, denn sie endet nie, so das auch die Materie kein Ende findet.

Warum OPI?

Weil sie die Null vorne enthält. Ohne ist es lediglich die bekannte Kreiszahl für Berechnungen von Kreisflächen und Kugelvolumen. Mit ihr beschreibt sie quasi das gesamte Weltall. Mit Null lässt sich alles steigern und es passt alles hinein, oder, weil es das Gleiche ist, das Nichts. Real, wegen der Unendlichkeit, wird nach hintenraus die Null erreicht.

Nichts, auch Null oder Leere sind passiv. Daraus resultiert ihre Kraft, aber nur mit der integriert vorhandenen Materie. Sie stellt den Materien, die den Raum bilden, keinerlei Widerstand entgegen. Während die Materien aufgrund ihrer Schwerkräfte, Widerstände bilden, die ihre Bewegungen beeinflussen.

Offenbar etwas verrückt, aber ist das wirklich abwegig?

NDM

So wird aus einer Konstante eine Formel.

Das mag verrückt sein.

OPI respektive NDM:

OPI ist die Konstante, NDM die Konstante zur Formel umgewandelt.

So ist es die Formel: N+D+M=B. Ausgeschrieben: Null + Dimensionen + Materie = Bewegung.

Das ist Begriffrechnen. Die mathematischen Konstant Daten umgewandelt in Begriffe und in die obige Kurzformel N+D+M gewandelt. Ergibt Bewegung als immer gleiches Ergebnis. Ungewohnt, vielleicht verrückt. Vielleicht aber nicht.

Schlussfolgerung

Die Schlussfolgerung aus all dem ist OPIO.

Die Null dahinter kann für diese Erklärung eigentlich außen vor bleiben, weil sie sich überall, also io befindet.

Die unendliche Zahlenreihe nach dem Komma ist die Materie und daraus resultierende Schwerkraft. Die 0, bzw. das Vakuum ist sozusagen die „Antischwerkraft", in der die 3, die Dimensionen darstellt, die in alle Richtungen expandieren.

Nach meinem Dafürhalten ist die passive 0, die Leere oder Vakuum, die stärkste Kraft überhaupt, die auf die Materie einwirkt. Der 0 wird viel zu wenig Aufmerksamkeit geschenkt. Sie muss vor der 3 stehen, weil sie die Basis von und für alles bereithält.

Darin kann sich uneingeschränkt alles befinden. Es gibt in der Null nichts, was etwas daran hindern könnte. Es enthält aber die allseits sichtbare Materie. Lediglich diese ermöglicht oder verhindert, dass sich etwas bildet oder nicht.

Was die Inder bereits wussten, welche gigantische Kraft in der mathematischen 0 steckt, das tut sie auch io All, also überall.

Mathematisch: Eine 1 ist eine 1, eine 1 mit einer 0 dahinter ist 10-mal so viel. Und so weiter.

Die 0 ist auch die absolute Schwärze. Die wird nie erreicht. Dann wäre das All vollständig leer und es gäbe nicht einmal mehr OPI. Aber wo wäre dann all die Materie, die vorhanden ist? Die verschwindet nicht einfach, sodass immer wieder OPI zum Tragen kommt und weiterhin alles in Bewegungen bleibt, in Richtung Expansionsnull, woraus sich OPIO ergibt. Diese Null wird aber nie erreicht.

Die neuesten Rechnergenerationen haben es mittlerweile geschafft, die PI-Nachkommastelle auf rund 100 Billionen Nachkommastellen zu berechnen.

Daran kann man sehen, wohin das führt und das die PI-Nachkommastelle nie im Nichts ankommen wird.

Dr. MC SheekyBs Kommentar:

„Wenn du schwarz um dich herum siehst, kann das All nicht leer sein, weil, du bist noch drin, ergo ist es nicht leer. Obwohl, besser du wärst nicht drin, dann hätten andere mehr Platz."

„Frechheit!" Hihi.

Mit vorangestellter 0 ist es eine Formel: 0 hat den Wert 100 %, plus 3 für die Dimensionen, die für sich genommen jede 100 % haben; die enthaltene Materie hat einen Wert, der unterhalb von 100 % liegt. Dieses Ungleichgewicht erzeugt die Bewegungen. Daraus resultiert eine unendliche Größe, aber kein End- oder Grenzergebnis.

So hat meines Wissens die Kreiszahl PI noch nie jemand interpretiert und ich denke, daran werden sich viele die Zähne ausbeißen, oder auch nicht.

Das war das Geheimnis bis jetzt. Aber nun: Null plus PI ergibt mathematisch das gesamte Weltall, ergo OPI.

Damit ist Null die gigantischste Kraft die, die Schwerkraft zu ihrer enormen Expansion verhilft.

Die Abläufe mögen differenzierter sein, aber im Großen und Ganzen passt das.

Das erforschen andere nach mir und finden heraus, was sich wie abspielt.

Und wie es sich, als Kaufmann gedacht, wirtschaftlich, profitabel anwenden lässt.

Mit OPI bzw. OPIO ist das All vollständig, so wie ich es nach meinem Wissen interpretiere.

P.S.: Der Begriff Kraft im Zusammenhang mit Nichts trifft es nicht genau, weil das passive Nichts ohne Materie keine reale Kraft ist.

Hypothetische Idee, oder nicht?

Eine andersherum gedachte Überlegung: PI berechnet einen 2D-Kreis, der sich wegen 0,14∞ im Prinzip nie schließt. Um 2D sichtbar zu machen, wird Trägermaterial benötigt.

Lassen wir uns nicht von elektronischen und virtuellen Darstellungen täuschen. Es wird dafür Energie gebraucht, angeregt und ein Medium zu Visualisierung. Ergo ohne 3D geht es nicht.

Kommt die 3. Dimension hinzu, wird mit 0,14∞ eine sich in die Unendlichkeit ausdehnende „Kugel" daraus, wenn sie a) nicht in Drehbewegung ist und dadurch kein Magnetismus erzeugt, und b) keine Schwerkraft hat. Jedoch wäre es dann eine „Kugel" ohne Masse. Ergo eine „Kugel", die sich unendlich immer weiter ausdehnt, bestehend aus nichts. Nichts ist aber einfach nur nichts.

Noch eine interessante Logik für Nichts: Nichts wäre tatsächlich nichts anderes als nichts, wenn sich nichts darin befindet. Es wäre nicht einmal ein Raum. Weil aber Materie vorhanden ist, konvertieren die Leerräume dazwischen zu relativem Vakuum. Dann ist alles ein einziger 3D-Raum mit den Materieinhalten.

Dr. MC SheekyB:
„Ist dann Nichts unendlicher als unendlich?"
    „Du hast sie nicht mehr alle. Man kann es auch übertreiben. Nichtsnutz."
    „Keine Beleidigungen und Unterstellungen bitte."
    „Gern geschehen."

Kreis, Kugel, Spirale?

OPIO ist die Vereinigung von Nichts im Alles, respektive Alles im Nichts, sowie der drei Dimensionen inklusive aller Materie. Hinter OPIO versteckt sich das ganze Geheimnis des Alls. Weil das Nichts und PI so offensichtlich sind, hat den Zusammenhang bis jetzt meines Wissens niemand erkannt.

Im Prinzip ist das sehr einfach. Verkomplizierungen führen in die Irre und infolgedessen zu keinem sinnvollen Ergebnis. Es wird gesagt, dass ein Kreis das perfekte Objekt ist. Ich bin jedoch der Meinung, weil ein Kreis ein Objekt mit festen Grenzen ist, ist eine Spirale das perfekte Objekt. Sie ist offen und dadurch wandelbar, wie es notwendig ist für alle Materie bis hin zu biologischen Existenten. Kugeln sind ebenfalls Spiralen, ganz gleich wie exakt sie sein mögen, sie haben stets eine geringe Unwucht, also nicht perfekt. Den Beweis liefern die unendlichen Nachkommastellen von PI, wie bereits weiter vorne beschrieben. Die Drehbewegungen erzeugen Magnetismus, welcher durch Zusammenschnappen der Pole eine Kugel erzeugt.

Bei einem 2D-Kreis kann man das Zusammenschnappen leicht verstehen, weil man vor dem Vorgang die beiden Enden sehen kann. Es passiert genauso bei 3D-Objekten. Wie genau bleibt erst einmal Spekulation. Aber es passiert, sonst gäbe es keine Kugeln.

Die Unwucht ist der Garant dafür, dass alles immer in stetigem Wandel und Bewegung bleibt.

Auch bildet die Schwerkraft eines relativ großen Objekts eine Kugel, weil sie die Materie immer in Richtung Mittelpunkt zieht, auch dann, wenn sich das Objekt nicht dreht.

Die Auswirkung der Schwerkraft auf Objekte in der Nähe bewirkt deren Bewegung. Die stärkste Kraft zieht an den Schwächeren, sodass auch dadurch alles in Bewegung bleibt.

Die Drehungen erzeugen Magnetismus, der bewirkt, dass die Materie zusammenschnappt (An irgendeiner Unterbrechungsstelle der Nachkommazahl von PI) und eine Kugel ergibt.

Der Vollständigkeit halber: Der Magnetismus ist auch abstoßend, dadurch werden die Planeten in Planetensystemen auf Abstand gehalten, wie in unserem Sonnensystem.

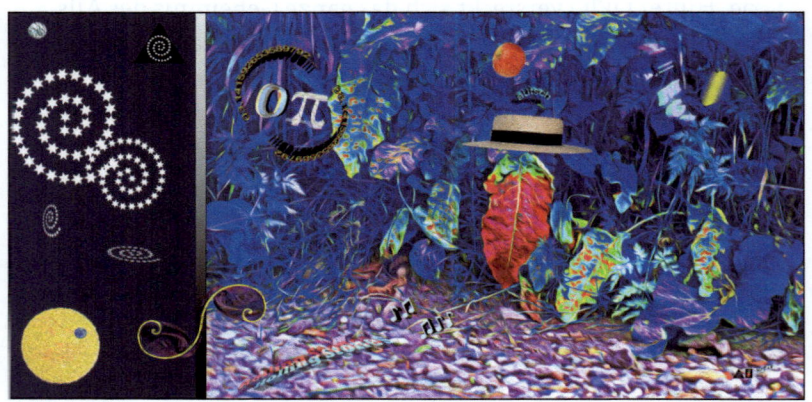

Bildinterpretationen

Linke Seite

Sie stellt das All symbolisch dar.

Die zwei gegenläufigen Spiralnebel, dargestellt als Sternenspiralen, verdeutlichen die Bewegungen der Galaxien.

Der Planet in der linken oberen Ecke ist metaphorisch als Wasserplanet zu verstehen und steht für den überall vorhandenen Wasserstoff.

Die Planeten links unten, Sonne und Erde sinnbildlich für die Definition unseres Sonnensystems.

Streifen zwischen den Bildteilen

Der schmale Streifen zwischen linker und rechter Seite steht für das All. Der untere Bereich für die Schwärze, der obere Bereich für die leuchtenden Energien, verbunden als fließender Übergang von schwarz nach weiß.

Gespiegelter goldener Schnitt

3D-optisch. Die Darstellung des goldenen Schnittes der Fibonacci-Zahlen 0-8.

Diese in 3D. Dadurch wird eine optische Tiefenwirkung erzeugt, sodass es die 3. Dimensionen des Alls mit einbezieht.

Die Spiegelung stellt symbolisch das Hin und Her der Kräfte dar.

In der Tiefe wird die Farbe in einem kleinen Punkt konzentriert schwarz. Das steht symbolisch für ein Schwarzes Loch.

Im Gesamtbild soll es den Übergang aus dem All und deren Wechselwirkung zu festen Körpern symbolisieren.

Rechte Seite

Der Hintergrund steht synonym für die Natur, respektive biologisches Leben auf unserem Planeten und oder anderen mit ähnlichen Voraussetzungen. Die integrierten Objekte im Bild haben Symbolcharakter.

Oben links

OPI, das neue Symbol, das das All umfassend erklärt.

Hier dargestellt einmal als Symbol und als mathematische Zahl. Diese im Halbkreis andeutungsweise für die allgegenwärtigen Drehbewegungen.

Unten Links

Im unteren Bildbereich über den Steinen habe ich den Schriftzug: „Rolling Stones" eingefügt, der den Bezug zu der Band darstellt.
 Ich habe ihn verdoppelt und verschattet. Er ist damit doppelt interpretierbar. Zum einen steht er für die Rockband, zum anderen für die Steine, die sich unter dem Schriftzug hinwegzurollen scheinen.

Die Verschattung des Schriftzuges steht gleichzeitig auch für das Gedenken an das Bandmitglied Charlie Watts, welcher im August 2021 verstorben ist.
 Diese Band war und ist immer etwas Besonderes und gehört hier hin, weil sie sich am längsten als einheitliche Band gehalten hat.
 1962 haben sie den Song „2000 Lightyears from Home" herausgebracht. Selbst Bill Gates Firma Microsoft hat ehemals ihren Song „Start It Up" zu Werbezwecken für sein Computer-Betriebssystem „Windows" gewählt.
 Die rechts daneben eingefügten Notenschlüssel beziehen sich bildhaft auf die Laute, Töne und Sprache auf unserem Planeten, die aufgrund der hier herrschenden Voraussetzungen möglich sind.

Mitte oben- Autsch!

Der fallende Apfel. Isaak Newtons Schwerkraftdemonstration.

Rechts oben

Albert Einsteins Formel: $E = MC^2$, rechts daneben schemenhaft sein Bild mit ausgestreckter Zunge.

Zungenblatt mit Hut

Damit ich die Rotfärbung für das Blatt auf diesem selbst gemachten Foto hinbekommen habe, musste ich alle Farbopti-
onen eines Softwareprogramms und ein paar weitere Tricks
anwenden. Dadurch ergab sich auch die Blaufärbung. Eine interessante Farbvariante, die zufällig den Wassergehalt der Pflanzen widerspiegelt.

Gleichzeitig stellt das rote Blatt die Verbindung zu Albert
Einsteins Bild mit der ausgestreckten Zunge und dem berühm-
ten Rolling-Stones-Logo, dem Mund mit der ausgestreckten
Zunge dar. Leider konnte ich dieses aus lizenzrechtlichen Grün-
den nicht einfügen. Das hätte dem Bild noch ein wenig mehr
Pepp verliehen.

Symbolerklärung

Der Kreis steht jedoch nur synonym für Alles und Nichts und
umgekehrt, sowie die Leere, ergo das All.
Das Dreieck stellvertretend für die Dimensionen.

Die Spitzen ragen über den Kreis hinaus. Damit wird die Ausdehnung in die Unendlichkeit angedeutet. Darin alle Materie, die als Spiralobjekte, in allen Bewegungsobjekten, von Galaxien über DNA, bis ins Kleinste und Größte vorkommen.

Die Sternenspirale steht für Materieobjekte, Galaxien, Schwarze Löcher, Planetensysteme, einzelne Planeten, Gas, Plasma, selbst ganze Universen und alle weiteren noch nicht bekannten Objekte.

Die Bewegungen in Spiralform sind allen gemein, auch für noch nicht Bekanntes. Diese Eigenschaft ist überall vorhanden. Die Konstante PI beweist das.

Was ist das All demnach, weil die Materie sich in fortwährender Wandlung befindet? Es ist wie die Börse! Firmen kommen, Firmen gehen; die Börse, sinnbildlich als Schwarzes Loch, die das Kapital anzieht, bleibt längere Zeit, solange bis auch die sich ändert.

Das All? Universen, Galaxien, Planeten kommen, Universen, Galaxien, Planeten gehen.

Es bleibt das Nichts und die Materie in ständiger Bewegung.

Es sieht zwar da draußen aus, als ob es weniger Materie wäre. Dies ist aber das, was wir bis dato nachweisen können und kann täuschen. Unter Vorbehalt anderer Abläufe, die wir derzeit mit unseren Möglichkeiten nicht ermitteln können.

Angenommen: Weil die Materie in die Unendlichkeit expandiert, kann es sein, dass ihr Volumen nur geringfügig unter dem Nichts liegt.

Es meldet sich **Dr. MC SheekyB**:

„Schreib mal so: Schwerkraft muss immer etwas weniger als null sein, weil null immer 100 % ist. Dann ist's irre. Denn was ist weniger als null?"

„Tzzz, weniger als null? Wenn hier einer irre ist, dann du seltsamer Vogel." Hihi.

Soweit zu meinem Weltall. Es wird nie endgültig sein. Andere können sich weiter damit befassen. Neue Theorien, neue Erkenntnisse beisteuern. Es wird nie ein Ende geben.

Das Rätsel ist mit Ewig und unendlich gelöst und ist im Prinzip schon alles Aber für die Details gibt es noch unendlich viele Möglichkeiten zu erforschen. Kleiner Wermutstropfen: Daraus schlussfolgert, dass es keine externe Autorität gibt, lediglich wie im nächsten Kapitel, könnte davon abgeleitet sein. PS: Vielleicht inspirierend für SciFi-Autoren und Hollywood.

Nochmal **Dr. MC SheekyB**:
„Du spielst dann in dem Film ein Energiewesen, bei der Minigröße mit einem IQ von 0,0001 oder weniger."
„Besser als nichts, mit viel Potential für mehr." Hihi.

Spiralen sind auch gut, für guten Halt.
Was nicht geklebt, verschweißt oder genagelt werden kann, wird in der Regel spiralförmig verschraubt.
Am Rande erwähnt, der Vollständigkeit halber.

Außerirdische Wesen

Das umstrittene Thema. Aber auch das gehört mit in diese Arbeit, denn wenn da draußen welche sind und bereits hier waren, oder noch immer kommen und gehen, dann kennen sie viel, viel mehr von allem, wovon wir nichts wissen oder uns vorstellen können.

Dafür gibt es mindestens zwei gute Gründe. Entweder sie kommen von sehr weit her und bewegen sich unterhalb der Lichtgeschwindigkeit. Existieren viel länger und verfügen deshalb über viel mehr Wissen und Erfahrung. Allein ihre Reisen dauern sehr lange.

Oder es sind intelligente, energetische Teilchenwesen, angetrieben von den überall vorhandenen Raumenergien. Diese sind vermutlich noch viel älter, können aber viel schneller reisen. Möglicherweise sogar schneller als mit Lichtgeschwindigkeit.

Ich denke, die Schaffung der Kornkreise gehört zur Kommunikation ihres Existenzbeweises, dass es sie gibt und wir das auch erkennen sollen.

Es gibt mehrere Fakten, die dafürsprechen. Die offensichtlichsten sind die exakt geometrischen Formen. Womit sie mathematische Intelligenz unter Beweis stellen.

Die Auswahl der Kornfelder als Medium. Die sind nicht zu übersehen und können infolgedessen nicht wegdiskutiert werden. Zudem lassen sich die Halme leicht manipulieren. Die Figuren bleiben recht lange, bis zur Ernte auf den Feldern, sodass sie in jedem Fall nicht übersehen werden können.

Die Ausrichtung der liegenden Halme, immer in der gleichen Kreisrichtung.

Mit unseren derzeitigen Möglichkeiten ist das nicht machbar und das lässt wiederum den Schluss zu, wir sollen erkennen, dass sie existieren.

Auch die vielen UFO-Beobachtungen, die gemacht werden.

Geht man von der Evolutionstheorie aus, mit zwischenzeitlichen Evolutionssprüngen, dann bin ich der Meinung: Es gibt verschieden viele Wesen, die im Weltraum existieren. Die Evolutionssprünge sind vermutlich Transformationen. Sie sind eine Ergänzung zur linearen Theorie.

UFO-Sichtungen werden zwar viele beschrieben. Ich habe von Sichtungen in Verbindung mit summenden Geräuschen gehört. Das scheint ansonsten jedoch alles lautlos abzulaufen.

Bei den Geschwindigkeiten müssten die Geräusche unglaublich sein. Vielleicht täusche ich mich. Dann gibt es weiter zu bedenken, dass die Objekte, die gesichtet wurden, gigantisch schnell und lautlos bzw. nur sehr schwach zu hören sind.

Wir sollten uns fragen: Was kann im Weltraum überleben? Sind diese Objekte möglicherweise die Wesen an sich?

Es wäre eine Erklärung für das Verhalten. Intelligente, energetische Teilchenwesen die sich in allen möglichen Formen zeigen können, nur geringfügig den Schwerkräften ausgesetzt sind, überall im Raum operieren können und der Kälte und Hitze dort draußen trotzen. Sie können sich als alles Mögliche zeigen, sind jedoch nicht mit unseren biologischen Eigenschaften ausgestattet.

Es würde auch erklären warum sie fast, oder völlig lautlos agieren können. Sie setzen der Umgebungsluft keinen Materiewiderstand entgegen, der viel Lautstärke erzeugt.

Stimmen die Beobachtungen von Objekten, die mit sehr hohen Geschwindigkeiten umherfliegen, dann lässt das den Schluss zu, es handelt sich um, von überall vorhandener Energie angetriebene, energetische und intelligente Teilchenwesen, die sich zu Kollektiven vereinen und auch wieder lösen können.

Warum?

Diese Wesen bringen Voraussetzungen mit, die es ihnen ermöglichen, überall zu existieren und zu agieren.

Sie sind sehr schnell. Können große Entfernungen in kurzer Zeit überwinden. Benötigen dafür nur geringen Energieaufwand, von Energien, die überall vorhanden ist.

Sie können alle Formen annehmen. Weil aus Obigem bestehend, können sie sich auch als Leuchtobjekte aufgrund ihrer aufgenommenen Energie zeigen und bunte Lichter erzeugen.

Sie haben nicht die biologischen Eigenschaften, wie hier auf der Erde mit den entsprechenden Voraussetzungen.

Sie können als Kollektive bestimmte „Arbeiten" gemeinsam erledigen. Zum Beispiel Kornkreise machen und sich wieder in Einzelwesen aufteilen.

Gleichzeitig ermöglicht diese Form von Existenz fast uneingeschränkt im Raum zu operieren und können riesige Geschwindigkeiten erreichen. Es ermöglicht ihnen auch mit den Anziehungskräften zurechtzukommen. Ihr Energieverbrauch ist vermutlich sehr gering und kann von jeder Sonne oder anderen energieabstrahlenden Planeten aufgenommen werden.

Sie sind an ihre Umgebung angepasst. Wie wir auf der Erdoberfläche, die Tiere in den Gewässern und in der Luft, so sind sie an die Gegebenheiten des Weltraums angepasst. Eine Kommunikation mit diesen Wesen, deren Heimat der Raum außerhalb unserer Erde ist, dürfte, wenn überhaupt, sehr schwierig sein.

Die Ängste, die uns immer in Filmen oder Dokumentationen wegen Angriffen vermittelt werden, sind unrealistisch. Es wäre von biologischen Wesen gigantisch viel Energie bzw. irgendwie geartetes Material in riesigen Mengen notwendig, um die Strecken im Raum zu überwinden. Und weil es sich um feste Materie handelt, sind sie den Planetenschwerkräften ausgeliefert und müssen ihnen entgegenwirken, damit sie agieren können. Vermutlich haben sie noch viele andere Probleme, die es ihnen nicht ermöglichen sich Material- und oder Energieschlachten zu leisten.

Damit biologische Wesen das für sehr lange Zeiträume überleben, müssten sie irgendeine Art Nahrung zu sich nehmen. Das wird in einem geschlossenen System für solche Zeiträume nicht möglich sein, wenn sie keine geeigneten Planeten unterwegs besuchen und ihre vermutlich biologischen Systeme erhalten wollen. Auch wenn innerhalb ihres Raumschiffsystems alles recycelt wird, werden Nährstoffe verbraucht und nicht wieder vollständig ersetzt.

Irgendwann ist dann auch das verbraucht. Das gilt auch für Planeten mit biologischem Leben. Irgendwann sind die Nährstoffe vollständig verbraucht, wenn nicht von außerhalb Material zur Nährstofferzeugung zugeführt wird.

Als intelligente, energetische Teilchenwesen stellen sie keine direkte Gefahr dar, und das wollen sie vermutlich auch nicht. Weil sie sehr, sehr viel länger existieren, kennen sie die Folgen von Eingriffen und vermeiden sie.

Sie sind intelligenter als wir, sie kennen die Psychologie und wie man manipuliert.

Sie sind aufgrund ihrer Struktur nur bedingt gefährlich.

Aber es könnte Annäherungen mit wenigen Unterschieden geben, so dass wir sie oder sie uns finden könnten. Ganz ausschließen lässt sich das nicht.

Tiere vs. Menschen

Die Forschung hat erbracht, dass die DNA von einigen Tieren nur sehr wenig von unserer abweicht. Warum können wir, was Tiere nicht können?

Tiere sind Spezialisten. Es geht um Nahrungsbeschaffung und Fortpflanzung. Die Grundlagen dazu haben sie bei Geburt bereits mitbekommen. Alles Weitere, angepasst an das jeweilige Umfeld, lernen sie von den Eltern. Sobald das Erfolg hat, wird es nicht in Frage gestellt. Erfolgreich Neues kommt nur zufällig hinzu und wird erst dann übernommen.

Wir Menschen sind aber in der Lage alles zu bezweifeln und in Frage zu stellen. Gespeichertes Wissen mit neuem zu kombinieren. Daraus ergibt sich unsere Kreativität, mit der wir uns immer wieder etwas Neues ausdenken können.

Im Grunde macht das allein den Unterschied. Das ist nicht viel, womit sich unsere DNA unterscheidet.

In diesem Zusammenhang möchte ich etwas erwähnen, auch wenn das hier nicht ganz passt.

Wir hören, lesen und sehen in den Medien immer die Forschungsergebnisse der Wissenschaft, warum unsere Vorfahren plötzlich Orte aufgegeben, Städte verlassen haben oder sogar ganze Landstriche.

Als Gründe dafür werden in der Regel Naturkatastrophen wie Erdbeben, Vulkanausbrüche, Überschwemmungen, Dürre-, Kälte- oder Hitzeperioden sowie kriegerische Auseinandersetzungen, Handelsänderungen und weniger bekannte Gründe angegeben.

Es wurden dann meistens Schuldige gesucht und im Irrealen gefunden. Denen wurde geopfert. Umso schlimmer die Katastrophe, desto umfangreicher die Opferungen.

Worüber ich keine Infos habe, ist, welche Auswirkungen psychische Manipulationen auf die betroffene Bevölkerung hatten? Oft kann man sich nicht erklären, warum die Menschen das getan haben.

Solche Manipulationen, die hauptsächlich von dominierenden, oft auch machtgierigen Personen mit entsprechender Ausstrahlung und Durchsetzungsvermögen gemacht wurden, führten sicher zu gravierenden Änderungen.

Das lässt sich nur schwerlich nachweisen, weil darüber kaum etwas in der Historie zu finden ist. Es sind verbale Manipulationen, die nirgends festgehalten wurden. Auch sie und vermutlich nicht einmal so wenige, haben große Veränderungen verursacht.

Einhergehend damit wurde immer auch neues Wissen erzeugt. Und das führte zu immer mehr Wissen, welches in unser Bewusstsein eingebaut ist.

Wenn aber Eigenschaften für das Überleben im jeweiligen Umfeld ausreichten, wurde anderes nicht weiter angewandt und verkümmerte. Dort, wo man mehr zum Überleben braucht/e, hat man das Wissen genutzt und es weiter ausgebaut.

Inwieweit dies Auswirkung auf die DNA hat, kann man nur spekulieren. Vermutlich recht wenig, aber es reicht aus, unser Bewusstsein immer zu erweitern und neue Voraussetzung für immer Neues und mehr Neues zu schaffen.

Hinzu kommt unser Belohnungssystem in Form von Kapital als Triebfeder.

Davon können wir nicht genug bekommen, solange seinem Wert vertraut wird.

Kräfte, die alles antreiben

Kräfte, Triebkräfte

Die Leere und die darin befindliche Materie sowie die daraus resultierenden Kräfte bewirken, dass sich alles aus dem Vorhandenen weiterentwickelt. Triebkräfte, die den sich neu ergebenden Voraussetzungen einerseits folgen und andererseits weiter vorantreiben. Die sich währenddessen aus dem Vorausgegangenen ergeben haben.

Die Kräfte verfolgen keinen Plan. Sie passen aber alles bereits Vorhandene immer effektiver an und bauen darauf weiter auf. Lediglich auf die ausschließlich in die Zukunft gerichteten Bewegungsabläufe. In welche Zukunftsrichtung das geht, ergibt sich aus dem Umfeld und den Voraussetzungen. Weil sie unendlich viel Zeit haben und hatten, wurden und werden die Anpassungen immer perfekter, aber nie vollständig perfekt. Das würde weiteren Entwicklungen keinen Raum mehr geben.

Das passive Nichts, dass alles zulässt und die Schwerkräfte als sowohl treibende und ziehende Kräfte die eine Durchwalkung der Materie erzeugt und immer in Bewegung bleibt.

Ich habe hier nur einige aufgeführt, die zu den Hauptsächlichen gehören. Mehr würden den Rahmen dieser Arbeit sprengen.

Triebkraft Existenzsicherung

Existenzsichernde Triebkräfte sind in erste Linie die Beschaffung von Nahrung und damit zusammenhängende Fertigkeiten, die immer effektiver gestaltet werden. Notwendigkeiten zum Überleben, stehen an erster Stelle.

Triebkraft Sex und Nahrungsbeschaffung

Wenn man es sehr genau nimmt, könnte man beide Begriffe zu einem zusammenfassen. Beide dienen der Befriedigung und des Überlebens. Oder umgekehrt. Erstere tut im Grunde nichts anderes. Der Samen nährt das Ei, welches zu neuem Leben wird. Die Nahrung nährt den Körper, welche diesen am Leben hält, damit Ersteres möglich ist.

Warum gibt es diesen fast unwiderstehlichen Drang nach Sex? Das Gefühl, welches für den Sex hervorgerufen wird, kennt jeder, ist so stark, dass es fast zwingend erfüllt werden will. Die Handhabung, respektive Ausführung, ist einfach. Dazu benötigt es weder Lehrgang oder Anleitung.

Für alle Lebewesen, wozu ich in diesem Fall auch die Pflanzen mit einbeziehe, ist dieser Vorgang optimiert. Wir Menschen testen mit unseren Fantasien aber immer an noch mehr Optimierung.

Bei derzeit ca. 8 Mrd. Menschen wird es ohne Verhütung kritisch. Aufgrund von Nahrung, abnehmenden Rohstoffressourcen, bezahlbarem Wohnen, immer mehr Nahrungsquellen erzeugender Landnahmen für Bebauungen, Wassermangel und Hitzeaufkommen, können noch mehr Menschen kaum ausreichend versorgt werden.

Alle weiteren Triebkräfte sind nur noch Differenzierungen, ersteren dienend oder unterstützend.

Selbst die Geburt von Sternen unterliegt dieser Kraft. Betrachtet man das Vorgehen im Universum, so entsteht durch die Verschmelzung von Galaxien immer wieder Neues. Die Vorgänge unterscheiden sich nur unwesentlich. Der Prozess aus Altem wird Neues, bleibt der Gleiche. Nur der technische Ablauf ist anders. Was wir durch Sex biologisch neu erzeugen, macht im Universum technisch die Schwerkraft und die daraus resultierenden Bewegungen, die Galaxien zusammenprallen lässt. Der enorme Druck bei diesem Vorgang erzeugt neue Sterne.

Dann ist da noch Charles Darwin, der sich nicht erklären konnte, warum wir nackt sind. Betrachten wir die Landtiere. Viele, wenn nicht überwiegend, sind mit Fell bedeckt. Sie sehen oft recht niedlich aus. Aber was sie kaum oder nicht haben, ist erotische Ausstrahlung. Ihr Fortpflanzungsdrang orientiert sich nicht an sexuell optischer Ausstrahlung, sondern hormoneller Steuerung.

Unsere Nacktheit strahlt Erotik und Sex aus und das könnte die einfache Erklärung sein, weil ich davon ausgehe, dass irgendwann in unsere DNA eingegriffen wurde.

Triebkraft Macht

Eine Unterstufe hauptsächlich dienend dem Sex, der Weitergabe von Genen sowie der Kontrolle über Dritte zwecks des eigenen Wohlergehens. Macht hat Suchtfaktor und führt oft bei zunehmender Intensität zu Angst vor Gesichts- und Existenzverlust bis hin zur Paranoia.

Die Folge dieser paranoiden Angst von Machthabern ist in der Regel die Vernichtung von Leben Dritter. Die Vergangenheit zeigt das zu Genüge und vermutlich wird das auch so weitergehen. Vernunft kann bei fortgeschrittenem Festhalten an Macht meistens nicht mehr erwartet werden.

Umso älter Machthaber werden, desto aggressiver halten sie daran fest, ihr Tunnelblick wird immer enger, gepaart mit Angst vor Machtverlust.

Triebkraft Geld

Das Geld ist ein geniales Tauschmittel. Dadurch bekommt es immer den Wert, dem die dafür zugrundeliegende Ware zugemessen und als bezahlt akzeptiert wird, ohne dass Ware gegen Ware und Dienstleistung getauscht werden muss.

Der zugrundeliegende Wert ist immer der, den jemand bereit ist dafür zu bezahlen und vom Anbieter akzeptiert wird. Das gilt ebenso für geleistete Arbeit. Somit deckt Geld alles dafür zu Bekommende ab.

Zinseszins:

> „Zinseszins ist das achte Weltwunder. Wer es versteht,
> verdient es; Wer es nicht tut, bezahlt es."
> Albert Einstein

Triebkraft Reichtum

Mit Macht vergleichbar, jedoch liegt der Fokus auf hohem Einkommen, genug Eigentum und Kapital sowie Sicherung der Nachkommen und ist weniger gefährlich.

Reich sein macht viele neidisch, aber es wird dabei etwas Wichtiges übersehen. Die Reichen können sich Dinge leisten, die meistens hohe Investitionskosten im Vorfeld erforderten. Diese Dinge werden später für die Allgemeinheit wesentlich günstiger.

Andererseits wird zwar immer mal von Politikern die Neidkeule geschwungen, aber großes Einkommen bedingt auch große Steuereinnahmen. Darum verläuft das immer sehr schnell im „Sande". Welcher Staat will schon auf kontinuierliche Steuereinnahmen und Arbeitsplatzerhaltendes verzichten. Wenn man Vermögenden trotz allem alles wegsteuert, ist am Ende alles weg. Auch weitere Steuereinnahmen.

Es ist nur eine Vermutung und ein Schelm wer Böses dabei denkt: Könnte es nicht sein, die Neidkeule wird immer dann geschwungen, wenn die Bezüge der Bürokraten und Politiker, zwar etwas Zeitversetz, damit es nicht auffällt, erhöht werden sollen? Und natürlich Wählerstimmenfang, derer die sich davon beeinflussen lassen, bei denen die Einnahmen aber nie ankommen.

Noch schlimmer ist, Vermögende bringen Innovationen voran, die unter anderem staatlich gesteuerte Institutionen und Bürokratien niemals leisten könnten. Diese Innovationen sind oft extrem risikobehaftet. Sie bringen allerdings Leute in Arbeit, und die wiederum bezahlen Steuern. Sieht man sich erfolgreiche Innovationen der Vergangenheit an, dann sind die sicherlich nicht vom Finanzamt bezahlt. Auch wenn oft staatliche Zuschüsse geflossen sind, so ist das größte Risiko immer noch bei den privaten Geldgebern. Wenn diese Pleite gehen, dann war es das. Der Staat aber bekommt trotzdem noch immer Steuereinnahmen und geht in der Regel nicht so schnell an solchen Verlusten zugrunde.

Dann wird übersehen oder absichtlich verschwiegen: Wenn große Vermögen irgendwo gelagert sind, dann in der Regel als Kreditvergaben, Investitionen in Firmen, an den Kapitalmärkten, oder sie werden anderweitig gewinnbringend untergebracht. Aber überall sind Leute von deren Investitionsaktivitäten betroffen und verdienen daran, wofür Steuern fällig werden.

Es ist besser, Sie sind und bleiben reich, treiben die Wirtschaft und Innovationen schneller voran als es jedes bürokratisch oder politisch gesteuerte System je könnte. Sie arm zu besteuern ist schlichtweg die schlechteste aller Lösungen.

Auch wenn es rechtlich und moralisch zu verurteilen ist, aber selbst unrechtmäßig erworbenes Vermögen trägt zu obigem bei. Denen sollte man es jedoch wegnehmen. Aber das sind nur sehr wenige.

Triebkraft Kapital

Kapital ist grundsätzlich dafür da, die Wirtschaft am Laufen zu halten. Einkommen und Steuern zu generieren, mit denen wiederum die Wirtschaft am Laufen bleibt.

Kritisch wird es, wenn einzelne oder mehrere gleichzeitig gierig werden. Dann kippt das System.

Wenn man langfristig ein solches System behalten will, dann ist es unabdingbar, dass alle immer genug Kapital haben.

Wer zu gierig wird, zerstört langfristig das eigene Einkommen, weil man denen, denen man das Kapital abnimmt, später nichts mehr haben und das System zusammenbricht.

Es wird dann eine Zeitlang künstlich mit viel in den Markt gepumptem, billigem Zentralbankgeld aufrechterhalten. Wenn das beginnt, dauert es meistens nicht mehr lange, bis die Inflation ans Laufen kommt und in der Folge das Kapital für weitere Wirtschaftsinnovationen fehlt oder teuer verzinst aufgenommen werden muss.

Diesen Spagat für alle zufriedenstellend hinzubekommen, ist kaum, wenn überhaupt möglich.

Es ist jedoch nach meiner Auffassung immer noch das bessere System, weil es sich auch immer wieder erholt und das schneller als jedes andere.

Damit einhergehend garantiert es die größtmögliche Freiheit des Einzelnen, die Kreativität, Erfindergeist sowie Innovationskraft, die damit freisetzt und gewährleistet wird.

Eine funktionierende Demokratie plus Kapitalsystem ist überlegen. Es gibt allen alle Möglichkeiten und nicht nur einigen wenigen in anderen politisch oder religiös gesteuerten Systemen, wo nur einige wenige alles haben und die Masse so gut wie nichts.

Noch ein Wort zum Kapital: Es gibt die Annahme, neues Kapital wird von den Zentralbanken aus dem Nichts erschaffen. Genau genommen stimmt das nicht. Für alles ist immer erst einmal ein wenig Energie notwendig, wenn Neues entstehen soll. Es beginnt sehr klein. So auch neues Kapital. Ein wenig Energie ist erforderlich für die Gehirnzellen, damit ein Gedanke entsteht und vorankommt – so auch für die Entscheidung, neues Kapital zu erschaffen. Anschließend braucht die Umsetzung schon wesentlich mehr Energie. Die folgenden Entstehungsstufen sind in der Regel immer überproportional größer, bis der Scheitelpunkt erreicht ist. Dann streben sie ihrer Auflösung entgegen

Das ist der Weg, an dem nur noch wenig bis keine Energie oder Materie mehr zufließt und schließlich abgezogen wird.

Es ist tatsächlich so: Von nichts kommt nichts, aber ändert sich unentwegt.

Wiederum bedeutet das, es war schon immer alles da. Ein sich wahnsinnig schwer vorzustellender Gedanke für viele, der dem Zwang unterliegt, dass alles Anfang und Ende haben muss.

Triebkraft Langeweile

Die ist nicht zu unterschätzen. Viele Machtausübende unterliegen der Langeweile, die sich zu Angst steigert. Dann müssen sie schon fast zwanghaft Veränderungen herbeiführen. Meistens mit Krieg.

Oder Langeweile von Leuten, die nicht untätig sein können, daraus Ideen schöpfen, neue Erkenntnisse haben, zu Entwicklungen oder eben nur zu Umsätzen führen.

Die, die nichts aus ihrer Langeweile schöpfen, werden einfach mitgerissen.

Ein weiteres Indiz der Bewegungen Richtung Zukunft.

Aber es gibt auch die Langeweile, die daraus resultiert, wenn man sehr viel kennt, weiß, gelernt und erfahren hat. Dann sind einige froh, wenn es zu Ende ist.

Triebkraft Börsen

Zu diesen Institutionen braucht es nicht mehr viel Aufklärung. In den letzten Jahren hat jeder mitverfolgen können, was dort gemacht wird.

Gigantische Summen werden hin- und hergeschoben, die die Kurse rauf- oder runterbringen. Jeder Investor hofft davon zu profitieren. Gleichzeitig werden gute und innovative Unternehmen mit hohen Kursaufschlägen bewertet, schlecht wirtschaftende mit Abschlägen abgestraft.

Dieser Markt ist der eigentliche Motor, der die Wirtschaft am Laufen hält, oder Vielversprechendes zum Erfolg, schlussendlich auch finanziellem Erfolg führt.

Stand jetzt, Mitte 2020er-Jahre, sieht es für große Gewinne, speziell im Bereich Aktien eher schlecht aus. Mit zwischenzeitlichen Zwischenerholungen werden die nächsten zehn, eher bis zu dreißig Jahren schwierig.

Eine kleine Faustregel für vielversprechende Aktien: Die wird es immer geben, wenn sie die frühzeitig bekommen konnten, sollten sie 10–15 Jahre warten. Dann haben sie meistens ihren Höhepunkt erreicht. Sie gelten aber immer noch als gute Dividendenpapiere, was sich lohnt, wenn sie zu Anfang sehr viele erwerben konnten. Es kann jedoch auch anders kommen. Eine Garantie gibt es nicht, denn die Akteure an diesen Institutionen machen sie zu Schwarzen Löchern für Investoren.

Triebkraft Emotionen

Ich nenne sie auch emotionale Sprungkraft. Wir entscheiden uns immer aufgrund einer Emotion für eine Sache. Auch wenn vorhergehende Überlegungen das Für und Wider abgewogen haben. Die letztendliche Entscheidung wird emotional getroffen – nach Gefühl, instinktiv, aus dem Bauch heraus.

Oft überlegen wir erst einmal und entscheiden uns dann plötzlich. Während der Überlegung sind wir zwischen dafür und dagegen hin und her gesprungen. Dann der oben erwähnte Sprung, auch Entscheidungssprung.

Triebkraft Schwerkraft,
respektive Materieeigenschaften

Letztendlich lässt sich alles auf die Schwerkraft in Form von Materie reduzieren. Diese bewegt sich in der größten aller Kräfte, dem inaktiven Nichts, welches aufgrund der ihr innewohnenden Passivität, alles zulässt, wenn es jeweils die vorhandene Materie in ihrem Umfeld und die daraus immer wieder neu entstehenden Voraussetzungen zulässt. Alles kann, muss aber nicht. Das Nichts mit in ihre Überlegungen einzubeziehen, ist den Wissenschaftler bis jetzt
nicht in den Sinn gekommen.

Dieser unvollständige Auszug einiger treibender Kräfte, macht verständlich was um uns herum, wie, warum und mit uns passiert.

Der Umtriebige **Dr. MC SheekyB**
„Ich möchte gerne meinen Schnabel voll nehmen."
„Der ist doch sowieso immer voll!"
„Da war doch gerade von Nahrung die Rede. Ich denke in die Richtung Essen und bin schon ganz schwach."
„Ach nein, was hätte der Verhungernde den gerne?"
„Na ja, mal was Besonderes."
„Also nichts von den üblichen Verdächtigen wie, Pizza, Gyros, Hamburger Supership ..."
„Stopp mal, was ist ein Hamburger Supership?"
„Lässt sich leicht essen, trägt aber schwer auf: Hamburg, Hafen, Schiff, Superschiff, also ein übergroßer Hamburger. Ich habe aber was viel Besseres und belastet nicht so sehr."
„Sag schon!"
„Absolut lecker, aber selbst kochen ist angesagt."
„Ja, ja ... mach schnell fertig, bevor mir die Flügel abfallen."
„Das wäre kein Verlust. Dann bist du gut zu Fuß unterwegs. Ich schau was sich machen lässt."

Das Pato Gericht

Ein Rezept für 1000 Varianten ..., oder so ungefähr.

Für lebenslänglich zu Hunger Verurteilte:

Mehrere Paprika (überwiegend Rote, weniger Grüne, Gelbe nach Geschmack) in Gabelgroße Stücke schneiden. (Gabel ohne Stil gemessen) Zwiebeln in kleine Würfel und frische Tomaten geviertelt oder kleiner. Bequemer und hat mehr Flüssigkeit, mit Tomaten aus Dose oder Packung (geschält, gehackt oder passiert) und nach Geschmack etwas Tomatenmark. Nicht zu viel. Oder alle Mengen nach Gutdünken variieren.

Alles in einen Topf geben und köcheln. Die Paprikastückchen bissig lassen. Mit etwas Salz (nicht zu viel, sonst zerstören sie die Geschmacksharmonie) oder aber nach Geschmack. Fertig ist die Basis.
Mit Sahne geht auch und mit oder ohne Öl. Olivenöl ist super.

Auf Reis, oder durch Reis durch. Mit Nudeln ebenso. Geht sogar mit Kartoffelvarianten und zu Kartoffelpuffer, Pommes Frites usw.
Wenn sie im Vorfeld bereits wissen, welche Beilagen sie nehmen wollen, dann den Zwiebelanteil anpassen. Mit Nudeln wenig, mit Reis ein geschmackliches Mittelmaß. Mit Kartoffeln als Beilage dürfen es mehr Zwiebeln sein.
Bei den Kartoffelvarianten auch die Würzungen anpassen. Dort passt Sahne gut.
Mit oder ohne Käsestreu und was einem noch so Passendes einfällt. Frische Kräuter zum Beispiel. Wer es scharf mag? Immer rein damit.

Ein sehr variantes, wenn nicht das varianteste Basisgericht, dass ich oft selbst gern mache. Schmeckt mit oder ohne Beilagen zum reinlegen. Sowohl für ohne Fleisch-, Alles- und Nebenbeiesser. Ideal auch für Gewichtsbewusste, weil es ohne Öl oder Fett sehr gut schmeckt. Ich mags auf Reis am liebsten.

Einfach superlecker. Sicher wird das ein neues Trendessen, Sehr günstig und schnell zu machen. An vieles anpassbar und wandlungsfähig. Mal mit neuen Ideen ausprobieren. Extra Nachspeise kann wegbleiben, weil Pato auch noch der vorgezogen wird. Na ja, Nachtischeis ist natürlich was anderes. Als Koch braucht man ein großes Nudelholz, um Vorspeisenascher abzuwehren.

Sicher für Schnellrestaurants geeignet. Das könnte eine Killerspeise für Fastfood werden.

Dr. MC SheekyB hakt ein

„Wow, wow, wow, Killerspeise zum Killerpreis? Was planst du?"

„Was übertreibst du mal wieder?"

„Du planst mit dem leckeren Essen, das die Leute Suchtpotential entwickeln. Sich übersättigen und an Fettleber, Übergewichtung und Infarktgefährdend aussterben. Das ist hinterhältige Völkerreduzierung."

„Klar, hatte ich anderes von dir erwartet?"

„Und wer sagt überhaupt, dass nur dein Rezept tausend Varianten haben kann. Pizza und andere haben die auch."

„So, so, und wer hat die alle gezählt?"

„Da bin ich aber mal gespannt."

„Gib jetzt Ruhe, du hältst mich von Wichtigem ab."

Diese Basis lässt sich für mehrere Tage verwenden, jeweils mit neuer Variante, so dass es nicht langweilig wird.

Mit weiteren Zutaten auch für Ratatouille und auf Pizzateig geeignet.

Passende Gewürze: Basilikum, Oregano, Thymian, Majoran, Rosmarin. Andere bitte selbst ausprobieren.

Fleischbeilage: Geflügelschnitzel und Schweineschnitzel sind gut geeignet. Oder Geschnetzeltes. Kann damit auch durchmischt werden. Je nach Vorlieben. Durchbraten und dazu geben. Gehacktes und Frikadellen, nicht ganz so gut passend, aber gehen auch. Weitere Beilagen nach Geschmack ausprobieren.

Die Pato Zutaten im Einzelnen:

Rote, Grüne, Gelbe Paprika, oder nur Rote. Ca. 3 Stück Große.
Zwiebeln, 1, 2, oder 3 Mittelgroße je nach Beilage
Tomaten frische, 4-6 Stk. Je nach Größe
Bequemer gehts fertig aus der Dose oder Packung ca. 400 gr.
Etwas Tomatenmark und wenig Salz, oder nach Geschmack.
Wenn es zu lange eingekocht ist, etwas Wasser zugeben.
Auch auf www.pixnix.de

Weil das super schmeckt, reicht es vermutlich nur sehr, sehr kurz.
Wenn sie größere Mengen kochen, weil die für mehrere Tage reichen sollen, dann gut verstecken. Anderenfalls könnte es schneller alle sein, als gedacht.
Es gibt keine Garantie, dass Pato vor vorzeitigem Wegnaschen sicher ist.

Für gewerbliche Anbieter:
Bestellt wird immer mit passender Beilage, an die das Pato geschmacklich angepasst ist. Diese lassen sich gut vorbereiten und schnell dazu geben, oder bereits fertig hergestellt sind.
Bestellt wird dann so:
Pato mit ... oder, ... mit Pato oder, ... plus Pato, und ..., je nachdem, von was mehr und an welcher Stelle im Essen, Pato gemocht wird.
Pato auf Reis, auf Nudeln und anderen Beilagen.
Mit Reis oder Pato im Reis, Nudeln, u. a. durchmischt.
Extra dazu gereicht.
Pur geht natürlich auch.
Und noch zu erforschende Varianten.

Wenn dann später die Kinder quengeln: „Wir wollen Pato schmecken", dann ist alles klar.

Vorschlag: Europa dürfte auch gerne eine eigene Fastfoodkette haben. Da könnten sich ein paar Kapitalisten zusammentun und das realisieren. Mit ihren Verbindungen und Kontakten sollte das nicht schwer sein.

Da lob ich die Amerikaner, die haben das gut drauf und wissen wie man das macht. Ergo sollten sie hier schnell sein, denn mein Rezept ist schneller dort, wo man auch sehr schnell reagiert und das Kapital zur Verfügung stellt.

Das Pato mit Zauberstab pürieren geht auch, oder wenn die Paprika verkocht sind. Als leckere Soße. Für mehr Verwendung sind Versuchsstudien noch erforderlich. Einfach ausprobieren.

Wichtig: Das passt nicht zu allem. Wie zum Beispiel, zu Erbseneintopf, Hühnersuppe oder zu Wurstbrot. Süßer Nachtisch mit Pato zusammen sollte vermieden werden. Besser nach einander.

Dann wäre da noch folgende Vorstellung: Stellen sie ihre Gehirnzellen auf Grünkohl mit Pinkel ein. Jetzt den Geschmack davon auf ihre Zunge projizieren. Pato dazu und ...? Was folgt bleibt ihrem Real Test oder Phantasie überlassen. Stellen sie sich aber vorsichtshalber auf einen Geschmacksschock ein.

Dr. MC SheekyB's Ungelduld
„OK, sehr cool. Du kannst mir nicht den Geschmack verderben. Koch das, worauf wartest du?"

„Auf Hühnerschnitzel, aber notfalls geht auch schräger Vogel."
„Schau nicht mich an! Bleib wo du bist, komm nicht näher!"

Dann sind da noch die feinen, einfachen Sachen, für Geschmackssüchtige:

Pellkartoffeln: Ganz ohne was, der reine Geschmack. Oder noch gut warm, grob zerdrücken, ein klein wenig Salz und etwas gute Butter drüber schmelzen lassen.

Beides für den schnellen Hunger. Für den ganz schnellen Hunger, kalte Bockwürstchen aus dem Glas. Aber nur die gut gewürzten.

Und natürlich etwas aufwendiger, Kartoffelpuffer/Reibekuchen.

Stopp, wer wird denn jetzt in die Küche gehen. Das ist nicht erlaubt. Erst alles durchlesen.

Dumm ist nur, ich bin nicht vor Ort und dieses Buch fürs Leben schafft das allein nicht.

Nun gut, bevor sie Entziehungserscheinungen bekommen, oder vor Schwäche umfallen, gehen sie erst essen.

Zwei habe ich noch:
Zwiebeln in Scheiben oder nicht zu kleine Würfel schneiden. In Öl, Butter oder gewürfelten Speck auf niedrigster Flamme langsam glasig braten. Parallel Pellkartoffeln kochen. Wenn die gar sind, pellen und auf dem Teller zerdrücken. Die glasigen Zwiebeln leicht salzen und darüber geben. Noch etwas gute Butter drüber schmelzen lassen und guten Appetit. Einfach, sehr gut, günstig, rustikal, und macht satt. Rezeptname unbekannt.

Und eines aus Übriggebliebenen:
Aus abgepellten Pellkartoffeln (geschält Gekochte gehen auch) und übriggebliebenen Reibekuchen, bevor sie grau werden. Beides in einen Topf geben, mit einem Stampfer grob zerdrücken. Auf kleinster Flamme mit etwas Wasser warm werden lassen. Dann Sahne oder Creme fraiche dazugeben.

Wer es mag kann vorher noch Zwiebel und/oder etwas durchwachsenen Speck anbraten und dazu geben.

Wenn es heiß ist, mit einem Zauberstab alles sehr fein mixen. Wenn es zu dickflüssig ist, etwas Wasser zugeben.

Das ist eine Kartoffelsuppe Variante aus Resten, von denen sie wegen den sattmachenden Reibekuchenanteilen, schnell pappsatt sind.
Würzen und weitere Zutaten nach Geschmack.

Wasser

Was Sie in den Mainstream-Medien kaum, wenn überhaupt, lesen, hören oder sehen werden: Wie könnten die Auswirkungen auf die Erderwärmung sein, wenn ihr immer mehr Oberflächenwasser entnommen wird?
Die Eisschmelze an den Polen und in den Hochgebirgen, sollen den Meeresspiegel ansteigen lassen. Eigenartig ist nur, dass das zwar geschieht, aber nicht in dem Umfang, den es vermutlich haben könnte. Wo ist das Wasser?
Es ist ihr entzogen. Vielleicht ins All ausgedünstet? Das ist eher unwahrscheinlich. Dann müsste sich an der Anziehungskraft der Erde etwas ändern, oder die Anziehungskräfte der umgebenden Planeten sich so weit verstärken, dass sie der Erde ihre Gashülle entziehen, oder die Sonnenwinde sie wegblasen.
Aber so nah kommen diese Planeten der Erde nicht. Trotz allem haben die sich ständig verändernden Abstände zueinander ihre Auswirkungen.

Der Biohaushalt der Erde, Bäume, Sträucher bis zu den Gräsern unter anderem, war bis vor der Industrialisierung noch einigermaßen im Lot. Der Bewuchs nahm das Wasser auf, hielt es für eine Weile für den Wachstumsaufbau zwecks Transportes der Nährstoffe im System und verdunstete es wieder an die Umgebung, bis es erneut abregnete. Die Umlaufgeschwindigkeit bzw. Zirkulation in dem System ist recht hoch. Der wesentlich größere Bewuchs kühlte zudem die Oberfläche erheblich mehr.

Darüber hinaus kühlt die Pflanzenverdunstung die Umgebungsluft. Das hält die Überhitzung der Erdoberfläche im Lot und sorgt für ein schnelleres Abregnen. Dann der Grundwasserspiegel. Sinkt er, verringert sich der Pflanzenbewuchs von Pflanzen, die das Grundwasser mit ihren Wurzeln nicht mehr erreichen und daher absterben. Das wiederum reduziert die Ausdünstungen, verringert die Luftfeuchtigkeit und Kühlung der Umgebung. Die Hitze nimmt zu.

Jetzt jedoch wird Wasser in gigantischen Mengen, in Rohrleitungen gebunden. Es ist der Umwelt entzogen, auch wenn es ihr wieder zurückgegeben wird, so verringert es doch den natürlichen Kreislauf. Der Unterschied ist, es wird lokal frei, in Klärwerken, oder direkt abfließend in Bäche, Flüsse oder an anderen, lokalen Stellen, von wo es kaum in notwendigem Maß verdunstet. Es wäre sicher interessant zu erfahren, wie viel Wasser in all den Leitungen gebunden ist.

Dann die diversen Industriesysteme, die Wasser benötigen und speichern, die Kühlsysteme der Fahrzeuge, Autos, Züge, sowie die Schifffahrt und mehr.

Über all dort ist Wasser zumindest für eine längere Zeit der Umwelt entzogen.

Eine ergiebige Mineralquelle wird erstmals von einer Abfüllfirma angezapft. Das entnommene Wasser in Tanks geleitet und von dort in Flaschen abgefüllt. Dieses Wasser ist Firmen-Vorratswasser und wird ständig weiter entnommen, ist im Tank und den Flaschen gekapselt und steht der Umwelt nicht zur Verfügung. Gleichzeitig wird der Grundwasserspiegel gesenkt.

Pflanzen konnten mit ihren Wurzeln den Grundwasserspiegel erreichen und das Umlaufsystem in schnellem Gang halten. Der sinkt mit dem Abpumpen immer weiter.

Bleibt noch zu erwähnen, wie viel Wasser in neue Projekte gebunden wird. Eines der größten ist wohl die in der arabischen Wüste geplante Stadt „The Line". Ich denke, dort werden Milliarden, oder mehr Liter gebunden sein. (Europäische Mengenangabe)

Wasser sollte großflächig der Umwelt wieder zugeführt werden, damit der Pflanzenwuchs gefördert und die Abkühlung erhalten bleibt.

War das unter anderem vielleicht auch schon viel früher ein Problem? Das beschreibe ich im Kapitel „Flutung".

Aber das ist noch nicht alles. Selbst wir Menschen haben der Umwelt das Wasser entzogen. Wir bestehen zu ca. 80 % aus Wasser. Wir liegen jetzt bei ca. 8 Milliarden Menschen, die alle Wasser im Körper speichern. Vor der Industrialisierung waren es ca. 3 Milliarden oder weniger.

Es lohnt sich darüber nachzudenken.

Und dann noch die womöglich etwas andere Erderwärmung, von der man auch nichts erfährt.

Wie verändert sich der Abstand der Erde zur Sonne über einen langen Zeitraum?

Die Konstellationen der Planeten und ihre Stellungen zueinander verschieben sich im Bewegungsablauf und bewirken aufgrund ihrer Schwerkräfte Veränderungen der Abstände zueinander. Die Wissenschaftler wissen das, aber die Medien verschweigen es in dem Zusammenhang.

Es müssen nicht zwangsläufig sehr große Entfernungen sein, die den Umkreisungsabstand zur Sonne ausmachen. Es reicht möglicherweise bereits eine geringe Abweichung, die einen Temperaturunterschied bewirkt.

Dann gibt es über lange Jahre Hitzeperioden, gemäßigte Perioden und Kälteperioden.

Sind wir immer an allem selbst schuld? Nein, aber wir neigen dazu immer von einem Extrem ins andere zu fallen, anstatt bereits im Vorfeld die Dinge zu erkennen und entsprechend zu reagieren. Wird aber nicht passieren, weil Politik, Medien, sowie andere machterheischende Gruppierungen ihre Chance sehen und angstmachend der Bevölkerung einreden.

Vielleicht ist es nur hypothetisch, aber wenn sich die Erde weiter aufheizt, wir etwas näher im Umlauf zur Sonne sind, kann das Wasser vermutlich aus der Atmosphäre entweichen und ins All ausströmen, oder tut es bereits. Wurde das wissenschaftlich bereits in Erwägung gezogen?

Nun gut, nicht die Energie wird das Problem der Zukunft. Davon gibt es reichlich, sondern der Umgang mit Wasser.

Flutung

Die sogenannte Sintflut.
Was sich genau zugetragen hat, weiß man bis heute nicht. Aber es ist zu vermuten, es war mehr als in den Aufzeichnungen zu finden ist, oder es wurde absichtlich so dargestellt.

Wir können nicht davon ausgehen, dass uns alles übermittelt wurde, wohl eher nur das, was wir wissen sollen. Und es wurde über die Jahre vieles dazu gedichtet, wie es Interessierten ins Konzept passt.

Wesen, die über so lange Zeiten hier lebten, wussten genau, was sie den Menschen mitteilten und was nicht.
Es sollte alles getilgt werden. Auch die Beweise, dass es einmal andere Wesen auf der Erde gegeben hatte, sollten verschwinden. Das ist aber nicht vollständig gelungen. Seltene Artefakte und historische Ausgrabungen geben uns genug Hinweise, dass sich seit sehr langer Zeit mehr als uns bekannt ist, zugetragen hat.

Die Erde hat vermutlich aus dem All zusätzliches Wasser erhalten. Die damaligen Allwesen hatten wohl diese Möglichkeit. Sie kamen von irgendwo da draußen und haben es genutzt. Es gibt schließlich die Vorhersage, dass das passieren würde und es kein

Zufallsereignis war. Es mag weit hergeholt sein, aber denkbar. Dann lief ihnen aber der zeitliche Ablauf aus dem Ruder.

Möglicherweise hatte die Erde einmal weniger Wasser. Mit der Flutung wurde mehr hinzugefügt und die damaligen Wesen (Menschen) für ihre angeblichen Verfehlungen getilgt. Der globale Wasserstand lag davor vermutlich deutlich niedriger.

Könnte es sein, dass die Flutung notwendig wurde, weil abzusehen war, dass der Erde zu viel Wasser entnommen wurde? Wasserstoff für Antriebe die, die Allwesen für ihrer Raumfahrzeuge aufgebraucht hatten?

Dinge, die heute unter Wasser liegen, vielleicht alte Bauten und Ähnliches, wurden überflutet und sind vielleicht wieder auffindbar. Andere sind gänzlich verschwunden aufgrund von Erdbeben, Vulkanausbrüchen, tektonischen Verschiebungen, und einiges wurde von den Wesen selbst für immer vernichtet. Aber sie haben auch vieles übersehen oder nicht mehr schaffen können.

Ich bin der Meinung, die Erde hat vor der Flutung bereits eine komplette Wesenheit getragen, die damit gezielt vernichtet wurde. Diese Wesen waren anders, verfügten in Verbindung mit den Gegebenheiten der Kräfte und aufgrund ihrer sehr langen Existenz (mehrere Jahrtausende, oder sogar noch wesentlich länger) über Möglichkeiten und Mittel, die wir uns nicht vorstellen können. Wir sind lediglich ein weiterer Aufguss von vielleicht mehreren. Aber sie sind nicht vollständig verschwunden. Sie sind noch da, transformiert in eine oder andere Wesensarten und können uns Wissen übermitteln.

Zu der Flutung habe ich noch eine weitere Vermutung. Die Erde wurde damit vor einer Überbevölkerung bewahrt, die möglicherweise drohte. Vielleicht war das der eigentliche Grund – zu viel Sex mit Folgen. Wir stehen heute vor dem gleichen Problem. Das möchte man aber wohl noch nicht so recht wahrhaben.

Anbaulebensmittel agrarisch

Wir sind bis dato lediglich in der Lage vorhandene Lebensmittel genetisch zu verändern und halbwegs neue daraus herzustellen. Banane plus Stachelbeere ergibt Kiwi als Beispiel. Auffällig ist, dass sich geographisch einige Arten nur lokal finden ließen.

Und seltsamerweise passen die Produkte gut zu unserer Ernährung, während wir keine vollständig neue entwickeln können. Vielleicht zukünftig.

Eine der letzten großen Entdeckungen aus Südamerika war unter anderem die Kartoffel und Mais. Erstaunlicherweise sind auch die Allwesen zuletzt dort vermutet, bevor sie vollständig von der Erde „verschwanden".

Dieser Sache sollte weiter nachgegangen werden. Wo wurden welche Agrarnahrungsmittel wann und zuerst angebaut?

Die Allwesen sind immer dann aus Gebieten verschwunden, so scheint es, wenn die Erdmenschen intelligenter wurden und ihnen dann zu nahekamen oder kriegerische Handlungen begannen. Das gibt zu denken und steht meines Erachtens auch im Zusammenhang mit Agraranbau.

Diese Wesen hatten Angst davor, dass ihre wahre Natur aufgedeckt wurde. Dann sind sie verschwunden, oder treten seitdem nicht mehr direkt in Erscheinung.

Insektensterben

Was haben Spanplatten mit Insektensterben zu tun?

Sie könnten das Insektensterben verlangsamen, wenn nicht sogar umkehren. Warum?

Seit Jahrzehnten und länger werden Wälder aufgrund von wirtschaftlichen Interessen mit ihren, und dem Kapital genehmen Bäumen aufgeforstet. Gerade Stämme und wenig ausladende Kronen, ergeben mehr Bäume auf kleineren Flächen.

Solange es keine Möglichkeiten gab, Holz anders als Vollholz zu verarbeiten, war das soweit in Ordnung. Die Bevölkerung hatte von den Flächen nicht so viele Bäume und Sträucher gerodet, wie das mittlerweile überall der Fall ist.

Es wird zwar inzwischen wieder viel aufgeforstet, aber immer noch mit viel Nutzpflanzen, die sich später gut für industrielle Verarbeitung eignen, nicht jedoch förderlich genug für den Insektenbestand oder deren Vermehrung sind. Auch wenn bereits mehr Laubbäume gepflanzt werden. Zum Beispiel Eichen, Buchen, u. a., was Eichhörnchen und Wildschweine erfreut.

Wie könnte man dem Abhelfen?

Die Spannplattenindustrie verarbeitet, wie der Name schon sagt, Späne.

Diese werden verklebt und zu Platten verpresst.

Das heißt, es kommt nicht mehr so sehr darauf an, wie die Bäume wachsen und wie deren Qualitäten für bestimmte Anwendungen sind.

Stattdessen eignen sich auch Frucht- und Obstbäume, mit ihren vielen Blüten im Frühjahr und Früchten im Sommer und Herbst für die Spannplattenverarbeitung und gleichzeitig sind sie Nahrung für viel, viel mehr Insekten. Wenn die Früchte reif sind, auch für größere Tiere.

Was oder wer also verhindert, dass das gemacht wird?

Denk darüber nach und verfolge den Weg des Geldes.

Tipps, Tricks und Anregungen

Ein Kapitel für negative Kritik, nach dem Motto: Das gehört nicht hier hin, hat nichts mit der Sache zu tun.

Ich kann mich nur wiederholen: Alles ist io All. Wenn ich damit ein wenig helfen kann, ist das sehr wohl berechtigt, aus meiner Sicht. Der Leser hat ein zusätzliches Mehr davon und sicherlich nichts dagegen.

Und dann ist da noch:
„Kri, kri, kri ..."
Dr. MC SheekyB tut seltsame Dinge.
„Was schreist du so gruselig?"
„Ich stimme meine Stimme. Muss feststellen, ob die noch gut funktioniert. Kri, kri, kri, tick, tick, tick."
„Aaaah ja. Mach dich nicht unsympathisch." Hihi.

Eine tolle Idee

Wenn Sie eine Idee haben, von der Sie denken, Sie haben damit viele Vorteile, vielleicht eine Neuerung, die vielen hilft und Ihnen viel einbringen könnte, dann behalten Sie die für sich. Unter allen nur erdenklichen Umständen. Nicht einmal Ihre engsten Vertrauten sollten davon erfahren. Also nicht einmal Ihre Familienmitglieder oder Partner. Ja, nicht einmal Ihrem Haustier oder Ihrem Spiegelbild sollten Sie davon erzählen. Hört sich Paranoid an, aber leider werden Ideen immer gestohlen, ohne dass sie eine rechtliche Möglichkeit dagegen haben.

Wenn Dritte für die Umsetzung und Vermarktung notwendig sind und es sich nicht umgehen lässt, lassen Sie sich Geheimhaltung schriftlich garantieren. Mit entsprechenden Verstoß-Klauseln und Regresspflicht.

Es spielt keine Rolle, mit welchen vertrauenswürdigen Leuten, auf die tausendprozentig Verlass ist, Sie darüber sprechen. Sobald Sie es mit jemandem teilen, beginnt es ein Eigenleben und ist nicht mehr allein bei Ihnen. Das lässt sich nicht mehr aufhalten, geschweige denn rückgängig machen.

Auch wenn sich das übertrieben und abwegig anhört: Sie sollten es nicht einmal Ihrer Katze und Ihrem Hund erzählen oder ein Selbstgespräch führen. Sobald Sie es aussprechen, ist es auf dem Weg. Die Umgebungsmaterie, Luft oder andere Übertragungsmedien nehmen die Sprachfrequenz auf und diese kommt bei irgendwem an. Die Person kann die Frequenz verstehen und es realisieren. Das ist, als Beispiel, wie wenn Sie einen Stein in ein stillstehendes Gewässer werfen. Die Wellen breiten sich bis ins Unendliche aus, wenn kein Ufer vorhanden wäre.

Wenn Sie, und das ist meistens so, Dritte hinzuziehen müssen, dann sollte alles sehr schnell gehen, damit Sie den Vorteil und Vorsprung nicht verlieren. Das ist mir selbst mit dieser Arbeit geschehen. Unwissentlich wie ich es wo anbiete. Leider an die Falschen geraten.

Seitdem kann ich speziell im Fernsehen verfolgen, wie in veränderter Form und anders formuliert man sich geradezu überschlägt mir zuvorzukommen. Auch in Werbung ist es bereits aufgetaucht. Das ist zwar nicht illegal, aber unfair.

Es ist heute kein Problem eben mal schnell zu telefonieren, oder eine Mail zu schreiben und sensible Infos weiter zu geben. Das geht allemal schneller. Bis ein Buch fertig ist dauert es viel länger.

Ich weiß genau, wovon ich rede. Notfalls nehmen Sie Ihre Idee mit ins Grab, wenn sich abzeichnet, dass Sie es nicht mehr nutzbringend für sich realisieren können. Lassen Sie sich nicht von Argumenten wie „Es dient der Allgemeinheit" verführen, wenn Sie nicht selbst auch etwas davon haben, ist ihr gesunder Egoismus. Anderenfalls profitieren andere.

Eines können Sie aber tun, damit Ihre Idee zumindest nicht in Vergessenheit gerät und sich vielleicht später realisieren lässt. Schreiben Sie alles detailgetreu auf Papier und verstecken es. Das ist lautlos, erzeugt also keine Frequenzen. Schreibmaschine solo geht auch. Das Tippen kann alles Mögliche bedeuten und ist nicht zu identifizieren.

Beim Schreiben auf elektronischen Medien und deren Speicherung habe ich aber große bedenken. Das Manuskript für dieses Buch habe ich auf einem Rechner, der keine Verbindung zum Internet hatte, erstellt. Niemand hatte also Zugriff darauf. Weil ich es sowieso für diese Veröffentlichung geschrieben habe, war das sogar noch bequemer. Aber hochsensible Daten nach Möglichkeit manuell auf Papier festhalten.

PS: Es gibt Organisationen, von deren Mitgliedern verlangt wird, selbst die Mitgliedschaft niemanden, nicht einmal den eigenen Partner wissen zu lassen. Tun sie es, wird das gelinde gesagt, sehr, sehr unschöne Folgen für das Mitglied haben.

Ich bin kein Mitglied von Institution, Geheimbünden oder wie auch immer gearteten Verbindungen. Der Vorteil: Ich bin frei. Der Nachteil: Man mag mich nicht, werde nicht unterstützt, eher angegriffen.

Tipp 1

Reden sollte man nur, wenn es richtig eingesetzt, was einbringt. Anderenfalls hat Schweigen mehr Wert.

Tipp 2

„Tun Sie nicht alles, was Sie können;
verbringen Sie nicht alles, was Sie haben;
glauben Sie nicht alles, was Sie hören;
und sagen Sie nicht alles, was Sie wissen!"

Chinesisches Sprichwort

Tipp 3

Eine Frage: „Wollen Sie Recht haben,
oder wollen Sie reich sein?"

Wall Street Sprichwort

Wenn Sie diese Fragen für sich selbst befriedigend beantworten, brauchen Sie in der Regel keine weiteren Tipps mehr.

Dazu muss auch gesagt werden, Politiker hassen Leute, die über Eigeninitiative und viel Kapital verfügen, wie die Pest. Sie sind nicht so gut kontroll- und manipulierbar. Deswegen auch die Bestrebungen Privatbesitz ganz abzuschaffen.

Aber diese Leute mit eigener Initiative und Kapital bringen vieles wesentlich besser und schneller voran als Kontrolliertes. Ein gutes Mittelmaß ist unabdingbar, wenn es nicht in Vollversklavung enden soll.

Apropos Politik: Es dürfte keine Alleinherrscher geben, sondern Spitzen aus mehreren gleichberechtigten Personen. Die Abstimmungen und Entscheidungen sollten immer von einer ungeraden Zahl Personen gemacht werden, mit entsprechenden Vetorechten. Plus einem Sprecher ohne Mitspracherecht, welcher die Entscheidungen der Öffentlichkeit übermittelt.

Zusammensetzung: Jeweils Volk, Politik und Wirtschaft. Und es sollte Altersbegrenzungen für Politiker geben.

Das wird zwar eine Illusion bleiben, aber was einzelne, an der Spitze stehende, überalterte Machthaber anrichten und alles zu ihrem eigenen Wohlergehen rechtlich umformen, dazu braucht man sich wahrlich nicht weit umzuschauen.

Zu guter Letzt: Trauen sie niemandem. Niemals. Nicht einmal sich selbst. Vielleicht hin und wieder sogar am allerwenigsten.

Wünsche erfüllen

Sie möchten das?

Auch wenn die Weltformel, das Nichts und das Weltall Hauptthemen dieser Arbeit sind, was sie sind und was es mit all dem nach meiner Meinung damit auf sich hat.

Sie fragen sich, was hat Wunscherfüllung damit zu tun? Das ist doch ganz etwas anderes. Aber alles ist miteinander verbunden. Sie werden gleich verstehen, warum das hier mit dazugehört, und es ist ein zusätzlicher Bonus.

Sie hegen einen langen Wunsch. Sie brauchen die Zuhilfenahme der Kräfte des Alls. Das geschieht automatisch, wenn sie ein paar Regeln befolgen.

Ich bitte jedoch um Verständnis, wenn ich etwas zurückhaltend vorgehe. Sie müssen etwas dazu tun, was ich pauschal nicht beantworten kann, weil es von Ihrer Persönlichkeit und Ihrem Bemühen abhängt.

Ein zweiter Grund ist, dass was passiert und wie es passiert, nicht nachvollzogen werden kann. Sie werden gleich verstehen, warum.

Wunscherfüllung ist etwas, das eine gewisse Zeit braucht, bis sie eintrifft. Geduld ist gefragt, die die Kräfte benötigen die Voraussetzung/en zu schaffen. Dann aber geht es sehr schnell.

Würde man jemanden dazu auffordern dies und das zu tun, weil es dann funktionieren wird, wird die Person das skeptisch sehen, da die Leute nicht genug Geduld aufbringen. Sie sagen, es hat nicht funktioniert. Oder sie haben den Erfüllungszeitpunkt verpasst.

Darüber hinaus haben sie es in fast allen Fällen falsch angewendet. Haben Ihren Wunsch von sich weggestoßen, anstatt ihn sich realisieren zu lassen.

An dieser Stelle ist es angebracht zu sagen, wie es garantiert nicht funktioniert. Von Ausnahmen und Zufällen abgesehen, die es immer gibt, die aber nicht auf Ihre Aktivitäten zurückzuführen sind.

Die sicherste Art und Weise etwas Derartiges von sich wegzustoßen, ist, es gebetsmühlenartig immer und immer zu wiederholen. Es nutzen keine Gebete, Rosenkranz, Klagemauer oder was es da noch alles gibt. Damit machen Sie es den Kräften unmöglich, die notwendigen Voraussetzungen zu schaffen.

Und umso mehr Leute sich das Gleiche oder fast Ähnliches wünschen, desto schwieriger wird es.

Als es noch sehr wenig Menschen gab, funktionierte das einfacher, wenn die Voraussetzungen vorhanden waren.

Wenn es hypothetisch nur eine Person geben würde, die sich etwas vorstellt, das im Bereich des Möglichen liegt und die Voraussetzungen es zulassen, dann wird es fast umgehend geschehen bzw. real.

Wenn aber viele es wollen, wissen die Kräfte nicht, wie sie es allen recht machen können.

Es muss von etwas Vorhandenem genommen, wunschgemäß angepasst und an den Wünschenden gegeben werden. Das dauert schon mal länger.

Nicht möglich ist, Menschen, Tiere und Pflanzen mental zu manipulieren. Alles, was einen eigenen Willen hat, lässt sich kaum damit beeinflussen. Ein einfaches Beispiel: Auf diesem Wege jemand dazu zu bringen Sie zu lieben, wenn die Person das nicht möchte. Im Gegenteil, Sie stoßen die Person von sich weg und sie ist genervt.

Wie funktioniert das von sich wegstoßen? Sie haben Ihren Wunsch an die Kräfte gegeben und hoffen, wenn Sie das nur oft und nachhaltig tun, wird es klappen. Aber was passiert wirklich? Die Kräfte beginnen mit der Herstellung der Voraussetzungen für die Erfüllung. Sobald Sie nun den Kräften erneut den Wunsch antragen, eliminieren Sie den vorherigen Antrag und die Kräfte beginnen von vorn. Oder Sie haben nicht präzise genug visualisiert.

Lediglich zur Präzisierung sollten Sie es wiederholen, aber der Prozess beginnt immer wieder von vorn, bis er gar nicht mehr funktioniert, wenn Sie es zu oft wiederholen. Geben Sie den Kräften also die notwendige Zeit. Die Erfüllung wird in der Regel nicht genau wie gewünscht erfolgen. Aber Sie werden wissen, dass es ist, was Sie erhofft haben. Dann nehmen Sie es ohne Zögern sofort an. Sie müssen sich nicht einmal dafür bedanken. Das können Sie zwar tun, wenn es die Höflichkeit erfordert. Aber erst nachdem Sie es haben. Anderenfalls könnte es sich doch noch in Luft auflösen. Das ist auch der Grund, warum das hier hingehört. Weil alles io All in Bewegung ist, bewegt sich Ihre Wunscherfüllung wieder von Ihnen weg, wenn Sie nicht sofort zugreifen. Keine Schuldgefühle, keine Emotionen, nur annehmen und gut. Wünsche auf diese Weise funktionieren nur nacheinander. Mehrere auf einmal bringen die auf Sie fokussierten Kräfte durcheinander.

Das oben Ausgeführte ist Glaube an sich selbst und der dürfte weit mehr für Sie bringen, als an irgendeine imaginäre Existenz, oder externe Dritte.

In diesem Zusammenhang: Die Begriffe Glaube und Unglaube. Hierbei handelt es sich um Machtinteressen. Aus dem Grund ist Glaube positiv besetzt und an Altem festhaltend. Unglaube ist immer mit einem negativen Beigeschmack versehen. Wer relativ frei denken möchte, sieht das andersherum. Ungläubig zu sein heißt: Möglichst viel zu wissen, alles in Frage zu stellen und zu bezweifeln. Und daraus entsteht Neues, das in Zukunft immer wichtiger wird, auch wenn es um das Überleben der Menschheit geht.

Wissen

Wer viel Wissen hat, braucht nicht zwangsläufig glauben. Unglaube wurde immer schon mit rigorosen Mitteln bekämpft unter Zuhilfenahme von Zwangsmaßnahmen. Mit Gewalt, Folterung, Vergewaltigungen, Repressalien, psychischem unter Druck setzen, oder scheinheiligen Argumenten bis hin zu Hilfestellungen mit der manipulativen Absicht Glauben an irreale Existenten zu etablieren. Einzig mit der Absicht von Machtaneignung und Kontrolle.

Dann muss man sich fragen, wer die wahren Gräueltäter sind. Schauen wir in die Geschichte und was in verschiedenen Glaubensrichtungen immer noch oder wieder passiert. Man kommt sich vor, ins Mittelalter verfallen zu sein. Das wird dann mit dem Recht des Stärkeren argumentiert.

Man kann dabei sein oder nicht. Es muss jeder für sich selbst entscheiden, ob sich jemand in die psychische Gefangenschaft nehmen lässt von Leuten, die es sich gut gehen lassen, auf Kosten anderer.

Eine Logenvereinigung oder Ähnliches als Gegengewicht wäre eine gute Sache. Vielleicht macht sich mal jemand dafür stark. Hier sind genügend Argumente dafür. Aber es muss immer freiwillig bleiben. Eine „Freidenker-Vereinigung", mit nur den notwendigsten Regeln wäre wohl das Richtige.

P.S.: Politik, Religion und Kirche möchten aber nicht, dass sie zu viel wissen.

Kapitalgewinne

Wenn Sie nicht nur mit Arbeit Geld verdienen wollen, haben Sie im Prinzip nur die Möglichkeit zu investieren und daraus Gewinne zu erzielen.

Glücksspiele, Lotterien oder sowieso von vornherein Suspektes und nur Verluste Bringendes lasse ich außen vor.

Wenn Sie kein oder nur Unwesentliches verlieren wollen (etwas Verlust lässt sich nicht vermeiden), dann müssen Sie das selbst in die Hand nehmen.

Denken Sie über Geld nach, bis Sie sicher sind, dass Sie das Richtige tun.

Ein wenig über Geld nachgedacht ist besser als ein paar Jahre hart arbeiten.

Aber das geht nicht ohne die notwendigen Informationen. Holen Sie sich alle Informationen, die Sie für ein interessantes, aussichtsreiches Investment in Erfahrung bringen können.

Es kommt im Wesentlichen darauf an, wie Sie die Zukunftsaussichten des Investments einschätzen.

Versuchen Sie Trends, oder besser sich neu entwickelnde Trends, zu finden, wenn Sie noch einige Jahre auf große Gewinne verzichten können und Geduld haben. Geduld ist dann das Zauberwort. Rechnen Sie mit ca. 12–15 Jahren, wenn der Trend und das Unternehmen passen.

Wenn Sie aber bereits in einem Alter sind, ab dem es kritisch wird, dann hilft nur sehr viel Erfahrung, etwas Gewinnbringendes zu finden, was sich in sehr kurzer Zeit realisieren lässt. Ohne lange Erfahrung ist das Risiko sehr hoch.

Es gibt dafür Empfehlungsgeber, die Abos gegen Gebühren anbieten. Das kann man machen, aber ...

Jetzt kommt, wofür mich diese Abo-Anbieter hassen werden:

Es gibt unzählige Angebote. Nehmen Sie die Kennenlernangebote der einzelnen Anbieter an. Machen Sie Probeabos. Bestellen Sie die aber innerhalb der Probezeit wieder ab. Das gehört zu Sparen und Kostenvermeidung. Und investieren Sie niemals ungeprüft in die empfohlenen Anlagen! Meistens geht das genau in die falsche Richtung und die Anbieter kommen für nichts auf, wie in ihren AGBs ausdrücklich angegeben.

Es gibt Anbieter, die offerieren aus einem Haus mehrere Verschiedene. Sogenannte auf den Typ zugeschnittene Angebote. Machen Sie dort am besten die Probeabos immer nacheinander, nicht mehrere auf einmal.

Alle bieten auch Newsletter an, die in der Regel nichts anderes sind als Werbung für ihre Abos. Diese sollten Sie nach Möglichkeit alle in Anspruch nehmen. Sie beinhalten oft interessante Infos über die eigentliche Werbung hinaus und können sehr hilfreich sein. Aber ... Diese Werbung, ob per Post oder über Internet-Newsletter, sind mit unnötig viel Text aufgebläht. Bitte entscheiden Sie, ob Sie unterhalten werden möchten oder ob Ihnen kurze, informative Texte lieber sind, die schnell auf den Punkt gebracht das liefern, was Wichtig ist.

Es herrscht auch eine regelrechte Videomanie, Chat-Rooms, Meetings, Podcasts und wer weiß was noch alles. Das braucht kein Mensch für den Investitionsbereich.

Das braucht kein wirklich Gewinnorientierter, ist nur auf Abo-Abschluss ausgerichtet und um herauszufinden, wo Sie unter Umständen investieren, oder investiert sind. Das ist gefährlich und geht niemandem etwas an.

Kurze Vorstellung der/des Tippgeber/s zwecks Seriosität. Ob bereits bekannt oder noch neu.

Drei bis fünf kurze Sätze zur jeweiligen Empfehlung sollten ausreichen. Es sei denn, es ist mehr Text notwendig, zum besseren Verständnis komplizierter oder komplexer Vorgänge. Das sollte aber die Ausnahme sein und nicht andersherum.

Bei einigen gibt es Werbetexte, die mit a) extra langen Texten und b) diese oft bis zu 3-mal wiederholt werden. Lediglich nur anders formuliert. Die Aussage bleibt aber gleich.

Ich finde, diese Texte sind der absolute Horror.

Dort wird mit Psychologie gespielt. Denn ich denke, wer wegen der langen „Unterhaltung" ein Abo eingeht, verliert später am Markt sowieso.

Wenn Sie diese Newsletter auf Ihr Gerät streamen, dann verbrauchen Sie unnötig viel Datenvolumen und das müssen Sie als Empfänger bezahlen.

Meiden Sie Angebote zu Termingeschäften. Das ist nur etwas für sehr erfahrene Profis. Überlassen Sie das den Spielern und Profis, die in Banken und Brokerhäusern damit beschäftigt sind. Dagegen kommen Sie als Laie nicht an, zumal Sie meistens nicht über die technischen Möglichkeiten verfügen sowie die höchsten Kosten berechnet bekommen. Darüber hinaus gilt: umso höher das Risiko, desto höher die Kosten.

Ganz zu schweigen, oder besser zu warnen vor den eigenen Emotionen, die es gewohnt sind schnelle Erfolge zu erzielen. Aber wenn es gegen die Erwartungen läuft, und das tut es an dem Markt fast immer, kommt Panik auf und Verluste sind vorprogrammiert.

Fast alle Abo-Angebote dieser Branche sind teuer, was nach meinem Dafürhalten in keiner Relation zum Erfolg steht.

Wenn die so gut wären, wie sie suggerieren, dann hätten sie es nicht nötig überhaupt Gebühren zu nehmen. Entweder Sie machen, was sie empfehlen, selbst und gewinnen damit genug für Ihr eigenes Auskommen, oder es steckt etwas anderes dahinter.

Diese Leute sind näher am Markt, sind vermutlich bereits investiert und empfehlen erst dann, wenn sie viele Investoren brauchen, die die von ihnen gehaltenen Papiere auf Kurs halten, oder mit bereits genug Gewinnen loswerden wollen.

Oder sie sind doch nicht so gut. Die sind aber wesentlich besser vernetzt mit Beziehungen zu den richtigen Leuten und Stellen.

Weil die auch mit viel Kapital über einen längeren Zeitraum agieren, fällt die Strategie nicht auf. Die Menschen sind vergesslich und sehen deswegen die Zusammenhänge nach längerer Zeit nicht oder nicht mehr. Das ist kalkulierte Absicht.

Achtung: Wenn Sie Probeabos angenommen haben, vergessen Sie unter keinen Umständen die vor Ablauf, oder wie in den Bedingungen angegeben, zu kündigen. Der Trick ist Ihre Vergesslichkeit und Sie hängen an einem für meistens mindestens ein Jahr lang zu bezahlendem Abo, mit automatischer Abo-Verlängerung. Wenn Sie sich für ein Abo entscheiden, dann verlangen Sie im Vorfeld eine einmonatige Kündigung zum darauffolgenden Monat. Bestehen Sie darauf oder gehen das Abo nicht ein, und erlauben Sie keine automatische Verlängerung auf Jahresbasis. Warum? Weil der Kapitalmarkt oft anders läuft als Sie gedacht hatten, machen Sie Verluste. Erst recht, wenn Sie trotz allem Termingeschäfte machen. Haben Sie nun ein entsprechendes Abo, müssen Sie das weiterhin bezahlen, gleichzeitig machen Sie Verluste am Markt.

Sie sehen, worauf das hinausläuft. Sie verlieren doppelt und vermutlich noch viel mehr, wenn Sie wegen vieler Verluste die Abogebühren nicht mehr bezahlen können. Die Anbieter wollen aber die Gebühren. Also klagen Sie sie ein und das wird richtig, richtig teuer.

Wie in „Nichts – das 2." erwähnt:
Jetzt sind Sie pleite. Haben nichts mehr und das ist die Voraussetzung, dass wieder viel reinpasst. Sorry, zynisch, aber so ist das nun mal.

Hier müssen unbedingt andere rechtliche Voraussetzungen her. Dann müssen die Anbieter halten, was sie versprechen. Automatisch sich verlängernde Abos in diesem hochriskanten Bereich sollten auch rechtlich unterbunden werden. Abos müssen automatisch zum Ende der Abo-Zeit auslaufen. Mit den heutigen Programmen sind die Anbieter jederzeit in der Lage, auslaufende Abos zu erkennen und können eine Verlängerung bewerben.

Noch ein Wort zu den Probeabos: Angeboten werden in der Regel 14 Tage bis zu 3 Monaten, selten länger. Bis dahin müssen Sie sie abbestellt haben.

Wenn die Abos, wie die Anbieter in den Werbeaussagen versprechen, so gewinnbringend sind, dann sollten Sie die Probezeit auf 1 Jahr verlängern. Haben die Empfehlungen bis dahin einen 100-prozentigen Gewinn zzgl. der Abogebühr für Sie erbracht, dann zahlen Sie das abgelaufene Abo. Und erst dann entscheiden sie, ein zu bezahlendes Abo einzugehen. Zu einem vernünftigen Preis. Das wäre fair.

Es handelt sich nicht um Verbrauchs Abos, die man gezielt abschließt, zum Beispiel für Zeitschriften, wo sowieso keine Kapitalgewinne vorgesehen sind. Aber es ist ja so bequem für die Anbieter und die kommen für nichts auf, siehe ihre AGBs.

Noch ein Thema und vielleicht hier nicht so ganz passend: Endkomplizierung.

Einige Beispiele:
Es wird immer viel von Kosteneinsparungen und Nachhaltigkeiten geredet. Wenn das alles wirklich ernst gemeint ist, dann wäre mit Folgendem schon sehr viel erreicht.

Eine zumindest sekundäre Einheitssprache. Es gab einmal einen Versuch mit Esperanto, der dann im Sande verlief. Wir haben allerdings als Handelssprache englisch. Die sollte auch allgemein sekundär intensiv gelehrt werden. Sie ist einfacher und phonetisch angenehmer.

Die überwiegende Mehrheit sind Rechtshänder. Umstellung des Verkehrs überall auf Rechtsverkehr. Kostet erst mal, spart aber später umso mehr.

Maßeinheiten: Auch die sollten auf das einfachere Zehnersystem umgestellt werden.

Zeiteinheiten: Keine Zeitzonen mehr. Sie sollte überall gleich sein. Angefangen von einem Punkt ausgehend mit null. Nach vierundzwanzig Stunden wieder bei null, usw. Das könnten schon mal die freiheitlich, demokratischen und sympathisierenden Staaten beginnen.

Ausgenommen Sicherheits- und gefahrensensible Bereiche. Das wird wohl ein Traum bleiben. Es gibt zu viele, die an den jetzigen und noch mehr Verkomplizierungen, sehr viel verdienen.

Geldwert Prognosen

Geld, Kapital, Gold und Börse

Jetzt haben wir die 2020er-Jahre. Die zurückliegenden Jahre an den Kapitalmärkten haben Sie erleben können.

Wie Sie seit ca. den 1980er-Jahren verfolgen konnten, haben sich seitdem viele neuen Technologien entwickelt. Der Aufschwung der Computerbranche, die dazugehörige Software, dann im Zuge dessen das Internet, die Roboterentwicklung, Elektroautos und viele daran Beteiligte, im direkten oder indirekten Zusammenhang.

Der Kryptohype und die Metaversen. KI ist auch gerade im Aufschwung begriffen. Die laufende Inflation, die den Edelmetallmarkt und sensible Rohstoffe in die Höhe treiben wird. Der Dollar verliert seinen Wert, weil von dort Unmengen neues Kapital an den Markt gebracht wird, damit neue Entwicklungen gemacht werden können, Leute in Arbeit bleiben und das Großkapital immense Gewinne macht, was aber nichts Schlechtes ist. Wer sonst kann riesige Innovationen stemmen oder fördern?

Jetzt sind wir vorerst einmal in die Phase der Konsolidierung und Ausräumung gekommen. Viel Altes wird nicht mehr weiterverfolgt, einiges ganz fallen gelassen. Neue Entwicklungen, die ganze Märkte umkrempeln, sind im Gange. Es gilt herauszufinden, wer das Rennen machen könnte.

Geld

Im Zuge der Inflation wird es für lange Zeit schwierig. Sparen, sparen und sparen ist angesagt. Aufgrund der Inflation und den Energiesparmaßnahmen wird zusätzlich Geld dem Investitionsmarkt entzogen.

Kapital

Damit handelt es sich ähnlich wie bei Geld beschrieben. Möglich, dass es zu Währungsturbulenzen und Reformen kommt. In der Schwebe ist, Währungen in Kryptowährungen zu konvertieren. Da gibt es mehrere Haken. Die vorhandenen Infrastrukturen sind noch lange nicht so weit, damit das reibungslos funktioniert. Ganz zu schweigen von den vielen Gegenden, in denen das Senden und Empfangen von Handydaten möglich ist. Die Handhabung ist außerordentlich kompliziert. Die Verifizierungen nicht einheitlich. Jeder kocht da sein eigenes Süppchen. Dann die Leute, die auf das jetzige Geld angewiesen sind. Nicht jeder kommt mit der Technik zurecht. Oder Probleme, die mit der Zeit noch auftauchen werden. Es muss, wenn schon, überall einfacher zu Handhaben und selbstverständlich sicher sein. Das sehe ich derweil nicht.

Meines Erachtens, muss ein sekundäres Bargeldsystem erhalten bleiben denn, was geht noch, wenn der Strom ausfällt?

Gold

Legen Sie sich als Absicherung welches hin. Ein Tipp geht. Gute Kaufmonate sind von ca. Mitte Mai bis August. September und Oktober können noch mal kritisch werden.

In der Zeit sind die Preise meistens rückläufig und gut für Käufe. Unter Vorbehalt. Es kann auch anders kommen. Also keine Garantie, aber historisch passt das.

Für Ihre Sicherheit und mich selbst wäre ich froh gewesen, ich hätte das schon viel, viel früher gewusst und richtig verstanden. Aber zu meiner Zeit war das leider kein Thema und heute geht es oft um schnelles Geld. Ein fataler Fehler.

Es ist zwar nicht immer einfach und auch nicht für jeden machbar. Die Voraussetzung ist, wenn Sie nicht gerade eine große Erbschaft in Aussicht haben, eine Lehre zu machen für einen später hoch dotierten Beruf. Nach ein wenig Praxiserfahrung ist Ihr Einkommen so weit, dass Sie sich werthaltiges Metall wie Gold, Silber, Platin oder Palladium leisten können.

So ab dem Alter von ca. 25–30 Jahren, wenn das Kleingeld passt, kaufen Sie immer mal wieder kleinere Mengen Barren oder Münzen als Absicherung für später. Zwischendurch vielleicht einmal ein Sammlerstück. Aber mit Augenmaß. Das kann schnell zur Sucht werden.

Wenn das nicht geklappt hat, schreiben Sie ein interessantes Buch. Wie dieses hier. Vielleicht haben Sie außergewöhnliche Lebenserfahrung.

Andere Möglichkeit: Sie wählen einen Beruf, der sich aus Steuereinnahmen und anderweitige Gebühren finanziert.

Börse

Ein schwieriges Umfeld in den kommenden Jahren. Nichts für Laien. Die können nur verlieren. Denn jeder möchte ein Stück vom Kuchen haben und das Großkapital mit seinen Verbindungen und technischen Möglichkeiten lässt für Normalanleger nur sehr wenig Spielraum.

Wir befinden uns in einer Jahre andauernden Verschnaufpause. Auch wenn das zurzeit noch nicht so aussieht. Es kann lange dauern, bis das jeder realisiert. Gewinne werden nicht mehr so viele gemacht. Kapital wird den Märkten auch seitens der Politik und der Zinsfront entzogen. Ganz zu schweigen von kriegerischen Auseinandersetzungen. Die kapitalen Unterstützungen müssen irgendwann wieder zurückgezahlt werden.

Der Aktienmarkt ist zukünftig rückläufig und wird das, von Zwischenerholungen abgesehen, auch beibehalten. Auch wenn die Indexe noch weiter steigen. Für Kleinanleger kaum eine Chance. Entsprechend wird an den Börsen im Aktiensegment lange Zeit keine gute Stimmung herrschen.

Demgegenüber werden Energie und Rohstoffe immer teurer und alles andere mitziehen, was u. a. die Inflation anheizt. Für Anleger und Investoren eine schwierige Zeit. Die Preise am Immobilienmarkt werden rückläufig, aber die Mieten und Nebenkosten explodieren.

Als Absicherung kämen wohl Gold und ähnlich werthaltige Edelmetalle in Frage, aber mit dem notwendigen Augenmaß und nicht für spekulative Zwecke.

Wann es mal wieder zu einem sehr langen Aufschwung kommen wird, ist nicht vorhersehbar. Es kann bis dahin noch ganz etwas anderes passieren.

Steuer

Steuerneutral wäre ideal genial. Erbschaftssteuer-Geheimtipp: Auf welche Werte kann keine Erbschaftssteuer erhoben werden?

Werte, denen man keinen Geldwert zuordnen kann. Oder Dinge, die erst dann steuerlich relevant werden, wenn jemand bereit war, etwas dafür zu bezahlen. Also erst, wenn Geld geflossen ist.

Das fällt dann aber in den Umsatz-, Mehrwert- oder speziell dafür geschaffenen Steuerbereich.

Was kann also vererbt werden, wofür der Erbe oder die Erben keine Steuern zahlen müssen? Wobei es keine Rolle spielt, ob Verwandtschaftsverhältnisse bestehen, oder nicht.

Rechte wie Patente, Gebrauchsmuster, Lizenzen, unveröffentlichte Manuskripte oder Kunstwerke, real oder digital. Für die es keine, oder noch keine zahlenden Käufer gab oder bei Kunstwerken keine Wertstellungen erfolgen konnten.

Diese können immens wertvoll sein, aber erst steuerlich relevant, wenn damit Gewinne erzielt werden.

Ich habe auch viel digitale, selbst geschaffene Fotokunst gespeichert, die fertig für Druck, Ausstellung und Interessenten sind. Zu sehen auf der Website: www.pixnix.de (Eventuell zur Zeit dieser Buchveröffentlichung noch im Aufbau. Immer mal wieder schauen.)

Externe Autoritäten – Entstehung und Entwicklung

Die ersten Menschen, die ein entsprechendes Bewusstsein entwickelt hatten, sich artikulieren konnten, haben das aus den ihnen umgebenen Naturphänomenen abgeleitet und die Menschen dazu gebracht hat, an externe Autoritäten zu glauben.

Naturkatastrophen wie Erdbeben, Vulkanausbrüche, Überschwemmungen, Dürrezeiten und viele andere mehr haben die Leute in Angst und Schrecken versetzt.

Das haben in der Anfangsphase der Menschheit sensible Personen, möglicherweise damals noch nicht bewusst genutzt, ihre Mitmenschen zu manipulieren.

Sie haben mit deren Ängste gespielt und auch heute noch angewendet wird.

Weil sie aber keinen realen Beweis für ihre Meinung/en erbringen konnten, haben sie diese Katastrophen einer externen Macht zugeschrieben.

Irgendwem ist das mal aufgefallen und hat es entsprechend genutzt. Man brauchte einen Schuldigen und einen Hoffnungsträger.

Sie haben schnell gemerkt, dass sie damit auch trösten konnten. Hatten dann Macht in der Hand und die Möglichkeiten diese gezielt einzusetzen. Die imaginäre, externe Macht ist eine Macht des Nichtwissens. Also musste etwas her, um nicht rational erklärbare Vorgänge erklären zu können.

Ganz gleich wie man darüber denkt, es hat andere Wesen auf der Erde gegeben, und diese haben bereits durch ihr alleiniges Hiersein und ihre Möglichkeiten dafür gesorgt, dass das auch so bleibt und es gefördert. So oder mindestens sehr ähnlich hat sich das entwickelt. Die Psychologie dahinter ist auch heute noch gültig.

Aber wir haben jetzt Erkenntnisse genug, dass es keine wie auch immer geartete Steuermacht respektive externe Autorität gibt. Jedenfalls nicht in meinem Weltall.

Zwischenruf von **Dr. MC SheekyB**:
„Steuermacht?! Stimmt nicht, du hast es schon erwähnt. Das Finanzamt!" Hihi.

Diejenigen, die diese Macht innehaben, werden sie aber mit allen nur erdenklichen Mitteln behalten wollen.

Das dürfen sie auch, jedoch nur, wenn sich die Leute freiwillig darunter begeben und nicht mit angsteinflößenden Aktionen dazu manipuliert oder gar gezwungen werden.

Jeder hat seinen eigenen Willen und kann damit tun was ihr oder ihm genehm ist, solange er nicht Dritten schadet.

Seitdem ist der Begriff Glaube positiv und Unglaube immer unterschwellig negativ besetzt. Die Wissensfakten sprechen aber dafür, dass es sich andersherum darstellen sollte.

Es wird sich daran kaum etwas ändern, oder sehr, sehr lange dauern. Es sei denn, es passiert plötzlich eine Katastrophe, die dazu zwingt umzudenken.

Glauben an relativ Realistisches ist in Ordnung. Dabei handelt es sich in den meisten Fällen eher um Hoffnung, anstatt Glauben.

Aber an augenscheinlich Unrealistisches, ist logischerweise Schwachsinn. Letzteres dient der Machterhaltung einiger weniger, die das, wenn daran gekratzt wird, mit Gewalt durchsetzen, um ihren Status nicht zu verlieren. Dahinter steckt eine paranoide Angst vor Machtverlust.

Glauben ist geistige Gefangenschaft und wird einem dementsprechend zwecks „Seelenfang" für egoistische Machtanmaßung schon beinah aufgezwungen. Immer geht es auch um Geld.

Wohlgemerkt, ich spreche hier immer noch von meinem Weltall. Es ist meine Ansicht, kann aber jeder für sich selbst sehen und entscheiden.

Frühe Erkenntnisse

Irgendwann im Jahr 2017 fiel mir die Frage ein: Worin befindet sich die Materie?

Nach langem Überlegen, das Für und Wider abwägend, gab es nur die eine nachvollziehbare und logische Erklärung: Die Materie befindet sich im Nichts.

Aber wie funktioniert und verhält sich das?

Im Nichts für sich alleinstehend, geht nicht. Das würde bedeuten, das Nichts hätte Grenzen. Dann müsste es viele Nichts geben. Aber ein Nichts plus viele Nichts ergeben nur ein Nichts. So wie es nie einen exakten Klon gibt. Exakt in exakt ergibt nur ein Exakt. Ergo geht nur ein Nichts ohne Grenzen.

Und die Materie kann sich nicht in sich selbst befinden, denn da ist sie schon.

Die logische Schlussfolgerung daraus: Die Materie befindet sich gleichzeitig im und außerhalb des Nichts. Weil das Nichts nichts ist, ist das nachvollziehbar.

Das mag erst einmal unverständlich erscheinen, aber wenn man es durchschaut hat, ist es einfach.

Was sich von all dem als stimmig oder nicht stimmig erweisen wird, wird sich herausstellen? Warten wir es ab. Ich denke aber, ich liege richtig. Albert Einsteins Relativitätstheorie hat man auch erst später richtig verstanden. Es dauert, bis es Klick macht.

Dr. MC SheekyB wirft ein:

„Wusstest du, dass es nicht so ist, dass wenn man denkt, dass man wer ist? Eher das, wenn man denkt, nicht mehr weiß, wer man ist!"

„Seltsame Erkenntnisse deinerseits."

„Iss weniger, oder nichts. Das ist dann, das war mal und is/ st nicht mehr. Oder so."

„Eine sehr komplizierte Erkenntnis. Um das zu verstehen, reichen mehrere Studiengänge nicht aus."

„Alles nur eine Frage der Intelligenz."

„Ich nenne das eine Verballhornung bis zur Unerkenntnisskeit."

„Was ist das für ein Wort?! Du hast sie auch nicht mehr alle."

„Schön, dass wir was gemeinsam haben."

Eine Sache noch

Bei kriegerischen Handlungen werden immer die Toten in den Vordergrund gestellt. Auch wenn das für die Beteiligten sehr traurig ist. Es ist weder zynisch noch sarkastisch, wenn man sagt: „Die haben keine Schmerzen mehr." Wie aber fühlen sich die Kriegsgeschädigten und ihre Verwandten sowie die, die sie betreuen müssen? Sollte man nicht eher sie in den Fokus stellen? Der Geschädigte und eventuelle Betreuer haben über Jahre damit zu tun. Ganz zu schweigen von psychischen und oder physischen Dauerschmerzen.

Könnte es vielleicht sein, dass Kriegsverkrüppelte sich lieber, wie man so sagt, kein Schrecken ohne Ende wünschen?

P.S.: Drohnen lassen sich gut mit Flugblättern füllen. Selbst wenn die abgeschossen werden, flattern noch welche zu Boden.

Quintessenz/en

All

Ein unendliches Etwas. So groß, dass wir unendlich suchen müssten, aber nie ein Ende finden, oder einen Anfang.

Nichts respektive Null

Bis jetzt vollständig außer Acht gelassen. Nichts ist die Basis real einerseits ..., andererseits mathematisch Null. Vollständig widerstandslos und passiv.

Die Null als Basis vor einer Zahl bedeutet, es passt jede erdenkliche Zahl hinein, egal wie groß oder klein.

Die Null hinter einer Zahl, erhöht deren Wert um ein Vielfaches. Umso mehr Nullen dahinter, potenziert sich das ins Unendliche, passt aber immer noch in die Basisnull und auch in das reale Basisnichts.

Unendliche Leere und Materie

Materie/Schwerkraft expandiert in die Leere. Die Leere, auch Nichts, ist unendlich. Sie besitzt absolut keinen Widerstand. Die Materie/Schwerkraft kann sich ungehindert in alle denkbaren Richtungen ewig ausbreiten. Sie fällt endlos immer weiter in alle Richtungen.

Unser Verstand weigert sich das so zu akzeptieren und verlangt nach einem Anfang und einem Ende. Beides gibt es jedoch nicht, wegen der Unendlichkeit, aus der es kommt und in die es geht. Oder anders, kommt aus einer unendlichen Vergangenheit und geht in eine unendliche Zukunft. Das beweist erstens, dass wir ausschließlich in der Zukunft leben, eine dazwischen befindliche Gegenwart ist nur eine gefühlte Erfindung, und es beweist zweitens die unendliche Bewegung, die aufgrund der nie endenden Leere niemals aufhört.

Dr. MC SheekyBs Erkenntnis:
„Du bist nicht etwa größenwahnsinnig? Während sich andere bescheiden mit den kleinen Dingen zufriedengeben, musst du dich mit dem All, dem Größten vom Größten befassen."
„Das stimmt so nicht. Wenn schon, denn schon, mit dem wahren Größten vom Größten. Mit dem Nichts. Nichts ist größer als das Nichts und wiegt nichts."
„Ich denk, ich rufe mal die Männchen mit den weißen Kitteln an."
„Mein Lieber, halte dich zurück mit deinen destruktiven Äußerungen. Während ich das Nichts aufbaue, musst du das nicht gleich wieder umschmeißen. Nebenbei gesagt ist die viel zu schwere Materie weniger als nichts, anderenfalls würde sie nicht reinpassen und müsste draußen bleiben! Andererseits ist sie sowieso immer drinnen und draußen."
„Du hast einen Knall."
„Ja aber erst ab dem nächsten Kapitel."

Urknall

So wie er als alles schöpfend dargestellt wird, ist es nicht gewesen. Lokal möglicherweise, weil sich Materie nach langen, langen Bewegungsläufen zu überschweren Objekten bildete. Dadurch wurde die Materie ihrem Umfeld so weit entzogen, dass die entstandene Leere wie ein Vakuum fungiert und die entzogene Materie das Vakuum explodierend oder implodierend wieder füllt.

Auch die Wissenschaft entfernt sich bereits von der Urknalltheorie.

Aber ich habe noch eine andere, von mir favorisierte Theorie, die dann auch logisch Sinn ergibt. Die erläutere ich im Kapitel „Finale".

Zeit

Zeit ist nicht real und auch keine Dimension. Lediglich Messergebnisse von Uhren. Aufbauend auf Planetenbewegungen, der Lichtgeschwindigkeit, oder anderen Gegebenheiten, wie Jahreszeiten.

Frage: „Wie schnell sind die Geschwindigkeiten in einem Schwarzen Loch? Versuchen sie die Antwort zu finden."

Gegenwart

Gibt es real nicht. Sie ist ein von uns gefühlter Dehnungsraum während der Bewegung, innerhalb der in die Zukunft gerichteten Bewegung/en. Sie ist bereits Vergangenheit während ihrer Entstehung.

Ich erläutere es an einem Beispiel: In diesem Fall ist die Erddrehung die Basisbewegung.
Sie möchten einen Weg entlang gehen. Sie setzen einen Fuß nach vorn. Dann nehmen sie den Fuß wieder zurück in die Ursprungsposition. Sie haben zwar Ihren Fuß rückwärts genommen und Ihre Bewegung nach vorn gestoppt. Aber die Erde hat sich weitergedreht.

Alle Bewegungen haben eine übergeordnete Bewegung, sodass jede Bewegung nach Hinten trotz allem eine Vorwärtsrichtung ist, oder besser, in die Zukunft gerichtet ist.

Es sollte mich nicht wundern, wenn gleich **Dr. MC SheekyB** was dazu zu vermelden hat.
„Ich kann das."
„Das möchte ich gerne sehen."
„Ist leicht. Ich setze einen Fuß nach vorn, denke aber, es sind zwei."

„Ab wie viel Promille Alkohol setzt dieser Vorgang bei dir ein?"

„Die Frage ist Verrat an meiner Persönlichkeit."

Zukunft

Ist die reale Existenz. Wir leben ausschließlich in ihr unter Benutzung unserer Erfahrungen aus der Vergangenheit. Das heißt, wir leben permanent in der Zukunft vor unserer zukünftigen Zukunft.

Aus alledem ergibt sich, dass die fortwährende Bewegung alles in Zweifel zieht und fortlaufend neu realisiert. Auch wenn uns vieles aus unserem Umfeld als unumstößlich erscheint. Das täuscht. Selbst der härteste Diamant wird irgendwann zerstört. Was uns als ewig fortbestehend erscheint, liegt an Bewegungen in Abhängigkeit ihrer Struktur- und Objektgrößen. Umso größer die Strukturen und Objekte, desto langsamer die Bewegungen. Sie kommen aber nie zum Stillstand.

Intelligenztrend

In immer kleiner werdende Träger, zwecks Fortbestandes in für uns Menschen und biologisch nicht lebensfähigen, außerirdischen Umgebungen. Mögliche evolutionäre Transformationen über verschiedene Zwischenstufen, bis hin zu intelligenten, unsere DNA-tragenden, energetischen Teilchen. Vielleicht sogar in Träger, deren Vorhandensein und Eigenschaften wir noch nicht kennen. Die DNA ist aber für die Teilchen zu groß und es gibt noch kleinere Vererbungsarten.

Hier auf der Erde hat vor langer Zeit eine, ich nenne sie, Retransformation stattgefunden und die Intelligenz wurde damals von außerhalb in unsere DNA eingebaut.

Phänomene kurzfristig, Voraussetzungen

Die Voraussetzungen und die Umgebungen sind nach meinem Dafürhalten die im Prinzip alles entscheidenden Bedingungen für sich kurz oder dauerhaft Etablierendes oder Stabilisierendes. Es können aber auch nur sehr kurzfristige Umgebungsvoraussetzungen dafür verantwortlich sein, dass sich etwas bildet, aufpoppt und relativ schnell wieder verschwunden ist. Da hat sich eine Lücke gebildet, die aber sofort von den Umgebungskräften wieder eliminiert wurde.

Das näher zu erforschen ist sicher interessant.

Neues Wissen und neue Möglichkeiten ergeben sich aus dem Vorhergehenden. Wenn das dann die Kräfte des Umfelds zulassen, entsteht wieder Neues als Voraussetzung für wieder Neues.

Hoffnung, die nie stirbt

Dieses psychologische Phänomen Hoffnung, die nie stirbt, ist ein weiteres Indiz, dass es immer weiter geht – ohne, dass ein Ende je in Sicht kommen könnte.

Frage: „Ist etwas, was wir jetzt noch nicht sehen oder wissen real vorhanden?"
Antwort: „Ja."
Alles ist bereits da, wie das Vorstehende, sonst stände es hier nicht. Wir wissen es solange nicht, bis es da ist, oder erkannt wird. Selbst ich wusste es nicht, bevor ich es hiermit realisierte.
Und ob etwas richtig oder falsch ist, ist nicht die Frage. Ob etwas Real ist, ist die Frage. Real ist es, weil es bereits da ist, wir es aber erst entdecken müssen. Ob nun immateriell oder materiell.

Die Lösung aus meiner Sicht ist demnach einfach. Sie liegt in der Tatsache begründet, dass wir ausschließlich in der Zukunft leben. Wie ich weiter vorstehend bewiesen habe. Wir erinnern uns an die Vergangenheit, die aber niemals wieder zurückkehrt. Das bedeutet: Das, was wir jetzt leben, leben wir nie wieder. Das darf jeder sehen, wie er möchte. Real physisch, spekulativ oder philosophisch. Aber jemand seine Meinung mit allen Mitteln aufzuzwingen, geht gar nicht. Und jeder darf seine Meinung ändern, wie einem gerade der Sinn steht oder nach wechselnden Überzeugungen.

So ist das in meinem All. Damit habe ich die älteste und größte aller Fragen gelöst. Was soll ich noch mehr sagen, außer: Denken Sie darüber nach. Es sind immer noch mehr als genug Details übrig, die es zu erforschen gilt. Viele Antworten konnte ich geben, aber auch gleichzeitig noch mehr Fragen, die bleiben. Vielleicht ergeben sich auch interessante Denkrichtungen und eine neue Sicht auf alles, die meine Arbeit hiermit ermöglicht.

Finale

Eine neue Welt entsteht

Auch wenn das Folgende an dieser Stelle unplatziert erscheint. Das ist es, aber es ist zeitnah und kann helfen, die nächsten Jahre besser zu überstehen.

Im Kapitel Börse hatte ich geschrieben, was vermutlich in den nächsten Jahren passieren wird. Zwar ohne Garantie, aber mehr als wahrscheinlich.

Es ist jetzt an der Zeit, sich mit den Dingen zu beschäftigen, die immer gebraucht werden.

Essen muss man. Nahrungsmittel werden immer gebraucht. Energie wird immer gebraucht. Kommunikation muss stattfinden. Rohstoffe werden immer gebraucht. Werthaltiges wird immer gefragt sein, sowie der dafür notwendige Verkehr und Logistik.

Das heißt, auf alles, was nicht unmittelbar damit im Zusammenhang steht, zu deren Produktion notwendig ist, kann und wird oft zwangsweise verzichtet werden, oder werden müssen. Insofern hat das auch etwas mit Erneuerung zu tun.

Jetzt, ihr Leser, lasse ich diesen Weltraum im All verschwinden und einen Neuen entstehen. Bitte gut festhalten, es könnten sich schwere Turbulenzen entwickeln.

Das Neue vom Ende

Die Entstehung eines neuen Weltraums im All, mit allem, was auch vorher schon da war. Aber mit neuen Voraussetzungen und Materie, die in ständiger Bewegung bleibt.

Schwarzes Loch und Weißes Loch. Gibt es beide?

Schwarzes laut Forschung, ja, Weißes, unter Vorbehalt. Während wir ein Schwarzes Loch indirekt nachweisen können, wird das Weiße Loch niemals für uns Real nachweisbar sein. Aber es wird sich vermutlich bilden.

Voraussetzung dafür ist ein Schwarzes Loch, welches viele, viele kleinere schwarze Löcher integriert hat.

Warum könnte es ein Weißes Loch geben? Ein Schwarzes Loch zieht die Materie aus dem All an. Langsam, aber stetig. Ein Weißes Loch macht sozusagen das Gleiche, ist aber der Ex- oder Implosionsvorgang, hervorgegangen aus dem Schwarzen Loch.

1. Möglichkeit: Ein Schwarzes Loch explodiert, oder implodiert. Die Energie der expandierenden Masse dehnt sich so lange aus, bis ihre kinetische Erschöpfung erreicht ist. Sie wird auch dadurch gebremst, je weiter sie sich ausdehnt, von den dort vorhandenen Schwerkraftobjekten beeinflusst und verlangsamt. Es

ist ein neues Universum, respektive neuer Weltraum innerhalb vieler entstanden, die die Ausdehnungen ausbremsen.

2. Möglichkeit: Etwas komplizierter, aber es garantiert die ewigen Veränderungen und Bewegungen, die gebraucht werden, damit alles immer weiter funktioniert.

Wie die Wissenschaft beobachtet hat, streben die Galaxien mit immer höherer Geschwindigkeit auseinander. Dahinter stecken meiner Meinung nach zwei Kräfte: Der Expansionsdruck aus der explodierten, bzw. implodierten Masse eines Schwarzen Lochs. Die Masse expandiert ungleichmäßig. Die Teilchen haben unterschiedlich große Massen. Sie haben unterschiedliche Schwerkräfte und daraus resultiert, die schwereren vereinnahmen die leichteren Teilchen in ihrer Umgebung.

Die Vorgänge können detailliert anders sein, es bleiben aber kaum mehr Möglichkeiten.

Es ist ein neuer Ausdehnungsraum in vielen anderen entstanden, in denen sich die Galaxien bilden. Ich gehe aber davon aus, dass kein Universum gebildet wird. Universum steht in meiner Reihenfolge erst an dritter Stelle. Weltraum an zweiter. Es sei denn wir vereinen beide Begriffe, die dann gleich und eins sind. Kann man machen, ändert aber die Vorgänge nicht.

Es wird theoretisiert, dass es Wurmlöcher gibt. Ja und nein. Mehrere nur dann, wenn neue Welträume aus mehreren alten entstehen. Eines nur, wenn aus nur einem alten ein neues wird.

Wie funktioniert das?

Die Schwarzen Löcher ziehen die Materien aus den Galaxien an. Solange, bis sie alles in ihrem Aktionsradius aufgesogen haben. Umso mehr Materie darin ist, desto größer wird aber auch der Aktionsradius und zieht eine andere, kleinere Galaxie, mit kleinerem Schwarzen Loch an. Oder wird selbst von einem größeren aufgesogen. Der Prozess geht weiter und verstärkt sich überproportional mit der Integration der Galaxien und der kleineren Schwarzen Löcher darin.

Gleichzeitig wird alle in der Nähe unkontrolliert umherfliegende Materie angezogen.

Irgendwann im weiteren Verlauf vereinigen sich alle Schwarzen Löcher zu einem unvorstellbar gigantischen Schwarzen Loch.

Das hat zur Folge, dass dieser gigantische Schwerkraftdruck eine Selbstzündung oder Ähnliches auslöst, so wie der Außendruck eines überschweren Objekts den inneren Kern zündet und zur Sonne wird.

Das ist das Wurmloch, durch das die Materie geht und in ein Weißes Loch transformiert. Es ist quasi der Urknall, aus dem der neue Weltraum entsteht. Es gibt also immer wieder neue Urks.

Wie geht es nun weiter, damit alles weitergeht?

Die Bewegungen müssen erhalten bleiben. Das tun sie.

Man könnte annehmen, die Materie, die den neuen Weltraum aus sich heraus erschaffen hat, geht in der Weite des Alls irgendwann zur Neige. Die kinetische Energie ist aufgebraucht und alles kommt zum Stillstand.

Könnte logisch richtig sein. Ist es jedoch nicht, denn ...

Mit dem Explosionsdruck des Weißen Loches, welches aus dem Schwarzen hervorgegangen ist, sind unterschiedlich große und schwere Materieteilchen herausgeschleudert worden, die sich zu größeren verklumpen und dadurch differenzierte Schwerkräfte bilden, die wiederum kleinere anziehen.

Weil der Druck so gigantisch ist, werden gleichzeitig viele kleine Schwarze Löcher mitgebildet. Der Prozess hat neu begonnen und ist der Garant dafür, die Materie in ewiger Bewegung zu halten.

Dafür ist das Nichts, dass der Materie keinerlei Widerstand bietet, die Voraussetzung, die wie eine Zugkraft wirkt, in die alles bis unendlich hinein expandieren kann. Die Schwerkräfte der

Schwarzen Löcher, die die Materie aus ihrer Umgebung aufgenommen haben, ziehen sich gegenseitig an. Sind nur noch zwei in der Weite des Nichts vorhanden, ziehen diese sich an. Dabei spielt es keine Rolle, wie weit sie im Nichts voneinander entfernt sind, denn die Leere dazwischen stellt keinen Widerstand da und sie können sich vereinigen.

Die Transformation für sich genommen, ist das Wurmloch. Dadurch ist alle Materie aus einem gigantisch schweren, Schwarzen Loch zu einem Weißen geworden. Wenn man es so sehen will. Das existiert jedoch nur für den kurzen Moment der Ex- bzw. Implodier Phase. Das Wurmloch ist dann aber kein Loch, sondern der Vorgang ist eine Sprungvariante. Eine Selbstzündung der immensen schwarzen Masse, die sich schlagartig in ein strahlend weißes Explosionsobjekt auflöst und seine Materie herausschleudert, in das entstandene, relative Vakuum des Nichts.

Der Vorgang in kleinerem Rahmen: Die Bewegung aus der Vergangenheit direkt in die Zukunft. Die Gegenwart wäre dann das Wurmloch, das aber permanent in der Zukunft ist und sich in die zukünftige Zukunft bewegt.

Die Infos werden immer neu geschrieben, sich neu ergebende integriert und nicht in einem Speicher gekapselt. Ob sich aber tatsächlich neue ergeben, oder alle schon immer existieren, von uns entdeckt und mit uns in unsere Zukunft mitgenommen werden, halte ich für eher gegeben.

Die drei ewigen, veränderlich/unveränderlichen Voraussetzungen: Veränderlich, weil sie immer etwas Neues schaffen. Unveränderlich, weil ihr Vorgang immer gleich ist.

1. Das grenzenlose Nichts, die Basis, die alles möglich macht und io alles möglich ist. Auch das Unvorstellbare, ob, nach unserem Verständnis, gut oder schlecht. Die größte inne-

wohnende „Kraft" ist die Passivität, weil sie alles Obige zulässt. Sie ist noch kein Raum. Erst durch ...

2. ... die Materiemassen wird mit deren unterschiedlichen Schwerkräften Raum erzeugt, die aufgrund der Grenzenlosigkeit des Nichts ...

3. ... in Bewegung sind und sich ungehindert ausdehnen. Das Nichts wirkt also wie ein Vakuum, das gefüllt werden will. Es müssen immer diese drei Faktoren sein die, die fortlaufenden Voraussetzungen schaffen. Fehlt eins, funktioniert es nicht. Das Nichts ist aber immer da, weil es Nichts ist, kann es nicht fehlen. Logischer geht's nicht.

Fazit:

Dieser Vorgang beinhaltet in meinem Weltall das von mir erkannte, aber schon ewig vorhandene Naturgesetz, was aber sicher auch im realen All gilt.

Die Abläufe sind immer gleich. Drehungen in Spiralformen, vom Kleinsten bis zum Größten.

Dr. MC SheekyB folgert:
„Da quälen sich Wissenschaftler durch enge Wurmlöcher und kommen doch immer wieder bei sich selbst heraus. Nur in einer veränderten Umgebung."
Hihi, oder nicht hihi? Das ist die Frage!

Die sich immer wieder erneuernde und verändernde Reihenfolge der Welträume sind somit die größten aller Räder, aber keine geschlossenen Reifen. Diese Räder drehen sich immer weiter.
Man kann auch sagen, im übertragenden Sinn:
Schwerkraft erzeugt Schwerkraft, erzeugt Schwerkraft usw.

Irgendwie passen die Begriffe: Schwarzes und Weißes Loch nicht so richtig.
Darüber muss ich noch nachdenken.

Ein angenommenes Szenario einer katastrophalen Entwicklung, aus menschlicher Sicht, aber die Richtung scheint unaufhaltsam:

Die ständigen Klimaveränderungen, die sich aufgrund der Schwerkraftverhältnisse immer wieder ähnlich verhalten, können wir nicht vermeiden. Die populären Gründe kennen wir alle. Einige nicht populäre habe ich im Kapitel „Wasser" beschrieben.

Es kommt ein viel gefährlicherer Faktor hinzu. Sex! Nicht populär für Klimaproblematik, ist aber genau das. Auch wenn es vorübergehend gelingt, eine noch größere Bevölkerung zu ernähren, Wohnraum bereitzustellen und was darüber hinaus erforderlich ist, wird das unweigerlich eng in allen Bereichen.

Persönlich bin ich der Meinung, wir haben bereits jetzt schon zu viele. Hier sind die Verantwortlichen gefragt. In erster Linie Religionen, die brauchen aber ihre zahlenden Anhänger, die Politik Wählerstimmen und Steuereinnahmen. Die Wirtschaft wird damit klarkommen. Aber wie will man Sex kontrollieren?

Vielleicht mit den Massenmedien, und, wenn das nicht so recht gelingt, mit gesetzlichen Maßnahmen. Das kennen wir von der Corona-Pandemie. Es funktioniert also, wird aber erst passieren, wenn es gar nicht mehr geht und die Menschen zum Umdenken zwingt. Vermutlich zu spät und kein, wie sich alle wünschen, Happy End.

Aber selbst, wenn es gelingt, die Weltbevölkerung auf ein erträgliches Maß zu stabilisieren, ist das nur ein Aufschub. Vielleicht lange genug, um einen neuen Lebensraum zu finden, oder, durch evolutionäre Transformationen, im All zu überleben.

Das bringt mich zur Anpassungsfähigkeit der Machtstrukturen. Am flexibelsten sind die Kriminellen und deren Organisationen. Dann die seriöse Wirtschaft. Die Politik, eher schwerfällig und von Wählerstimmen abhängig. Religion und Kirche, fast unflexibel bis stillstehend, aber abhängig von Mitgliedern.

Da bleibt die Frage: Wer wird sehenden Auges dem Unausweichlichen nicht ausweichen, weil irgendwer es schon richten wird?

So, damit habe ich mir endgültig alle zu Feinden gemacht, oder auch nicht. Alles eine Frage des Einsehens und der Intelligenz.

Ein unverbindlicher Vorschlag: Fusion aus Volk, seriöser Wirtschaft und Politik, die ein Machtgefüge bilden, mit dem sie alle anderen in Schach halten. Notfalls auch mit rigorosen Schritten, falls das überhaupt noch möglich ist. Wenn nicht, „No way out" oder „The Point of no Return" bereits hinter uns liegt.

Nach einer relativ gemäßigten Phase, die hinter uns liegt, befinden wir uns in einer extremen Umwandlungsphase, die sich über lange Zeit hinziehen kann. Diese Phasen hat es immer gegeben. Wie aber schon gesagt: Die jeweils übergeordneten Bewegungsphasen der Materien können wir nicht beeinflussen. Es kommt so oder so sowieso, und extreme Aktionen werden das nicht aufhalten.

Machen wir das Beste daraus und alle könnten damit glücklich sein. Könnten ...

Kleines Rätsel und Schlussworte

Aus der Zahlenreihe 432 oder eine andere Kombination dieser drei, lassen sich alle Zahlen von 1–9 bilden. Finden Sie die Lösung! Aber nicht im Internet suchen. Das kann jeder.

Wenn man weiß, wie es geht, ist es einfach. Wie fast alles, wenn man es weiß, mit mindestens zwei Ausnahmen: Die Handlungen der Menschen verstehen und die Mathematik.

Frage an den schrägen Vogel:
„Wusstest du, dass das Nichts kleiner als klein ist?"

Dr. MC SheekyBs Antwort:

„Sicher, aber ich frage mich, wie aus deinem Gehirn immer noch was rauskommt?"

„Das liegt an meiner großen Aufnahmefähigkeit. In klein passt nichts mehr rein, schau in den Spiegel. In Nichts passt alles rein, muss aber immer wieder raus. Und es braucht viel Platz für die Durchmischung."

„Echt jetzt? Du bist ganz kurz vor dem wissenschaftlichen Wahnsinn."

„Immerhin, Wissenschaft oder Wahnsinn, das verbleibt als Frage?"

„Tz, tz, tz, die Wahrheit ist: Zu viel Wissenschaft erzeugt Wahnsinn. Damit wäre das auch geklärt."

„Der nun wieder! Aber wie kann es sein, mit seinem kleinen Gehirn so schlau zu sein hm, hm ...? Eine Frage für Generationen."

Das letzte, oder auch nicht das letzte Wort muss natürlich **Dr. MC SheekyB** haben. Aber nun gut, er hat ja recht und kommt zu dem Schluss:

„Niemand wird später mal behaupten können, du hättest dich wie kein anderer zuvor, intensiv um Nichts gekümmert!"

Ich kenne bis jetzt niemand, der die drei logischen Faktoren das Nichts, die Materie und die Bewegung als zusammengehörend betrachtet hat. Es sind nicht zwei, es sind die drei, die alles bewirken. Erinnert an Dreidimensionales. Die Drei scheint wohl auch in allen anderen Bereichen die Schlüsselzahl zu sein.

Nichts, die Logik allen Seins!

Geschafft

Buch durch.

Sollten Sie zukünftig unter nachhaltiger Verstörtheit leiden, ich hatte Sie gewarnt. Siehe unter Kapitel „Vorwort, Absatz: Eines noch." Wenn Sie das nicht gelesen haben, ist ihre eigene Schuld. Ich komme für nichts auf.

Wenn Sie sich von all dem erholt haben, besser aber noch vorher, empfehlen Sie dieses Buch weiter und denken Sie auch an diejenigen, die Sie jetzt unbedingt beschenken müssen. Mit diesem Buch. Danke. Auch auf www.pixnix.de dürfen sie gerne schauen.

Was ist die zeitlich aufwändigste und ärgerlichste Beschäftigung des Menschen? Antwort: Suchen!

Dann sitzt **Dr. MC SheekyB** abwesend da und sieht mich hypnotisierend an.

„Was soll das werden?"

„Ich will herausfinden, was du denkst."

„Halte dich besser aus meinen Gehirnwindungen raus."

„Lass mich."

„Das fördert dein Wissen und IQ und darf nicht sein."

„Ah ja, da haben dann nur andere was davon."

„Da hast du es. Es wirkt schon."

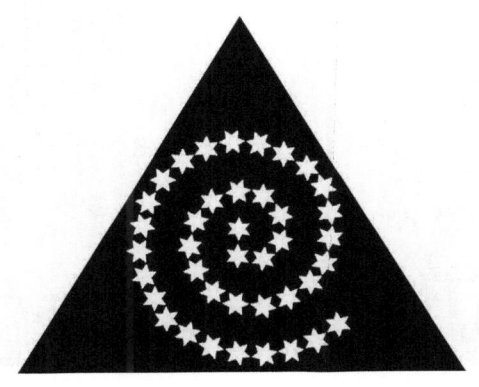

All-Symbol ohne Kreis

Das trifft es am besten, weil die Dreiecksaußenlinien in der Verlängerung in die Unendlichkeit laufen und nicht von einem symbolischen Kreis optisch begrenzt werden.

Mit etwas Fantasie biegen Sie die drei Spitzen aufeinander zu, oder machen es mit einem dreieckigem Stück Papier. Das ergibt fast so etwas wie eine Halbkugel.

Der Autor

Rolf Brinkmann wurde 1951 in Bad Oeynhausen geboren, ist ledig und hat keine Kinder. Beruflich hat
er verschiedene Erfahrungen in diversen Bereichen
sammeln können. Nach einer kaufmännischen Lehre war er in der kaufmännischen Sachbearbeitung,
im Ein- und Verkauf sowie für Exportabwicklungen
tätig und wurde schließlich selbständiger Zweig-
stellen- und Abteilungsleiter. Zwischenzeitlich mit
eigenem Ladengeschäft und übte unterschiedliche
handwerkliche Tätigkeiten aus.

In seiner Freizeit nimmt er am liebsten seine Digital-
kamera zur Hand und verbringt viel Zeit am Com-
puter mit der künstlerischen Bildbearbeitung seiner
Fotos. Darüber hinaus liest der Autor sehr gern
und hat die Leidenschaft des Schreibens für sich
entdeckt – „Weltformel gesucht? ALL + NICHTS
gefunden!" ist seine erste Veröffentlichung.

novum ▲ VERLAG FÜR NEUAUTOREN

Der Verlag

" Wer aufhört
besser zu werden,
hat aufgehört
gut zu sein!

Basierend auf diesem Motto ist es dem novum Verlag
ein Anliegen, neue Manuskripte aufzuspüren, zu ver-
öffentlichen und deren Autoren langfristig zu fördern.
Mittlerweile gilt der 1997 gegründete und mehrfach
prämierte Verlag als Spezialist für Neuautoren in
Deutschland, Österreich und der Schweiz.

**Für jedes neue Manuskript wird innerhalb we-
niger Wochen eine kostenfreie, unverbindliche
Lektorats-Prüfung erstellt.**

Weitere Informationen zum Verlag und
seinen Büchern finden Sie im Internet unter:

w w w . n o v u m v e r l a g . c o m